AF542530

Todos los libros de Linkgua Ediciones cuentan con modelos de Inteligencia Artificial entrenados por hispanistas. Pregúntale al chat de tu libro lo que desees acerca de la obra o su autor/a.

Para ebooks: Accede a nuestro modelo de IA a través de este enlace.

Para libros impresos: Escanea el código QR de la portada con tu dispositivo móvil.

Obtén análisis detallados de nuestros libros, resúmenes, respuestas a tus preguntas y accede a nuestras ediciones críticas generativas para una experiencia de lectura más enriquecedora.
La transparencia y el respeto hacia la autoría de las fuentes utilizadas son distintivos básicos de nuestro proyecto. Por ello, las respuestas ofrecen, mediante un sistema de citas, las fuentes con las que han sido elaboradas.

José Antonio Saco

La supresión del tráfico de esclavos africanos en la isla de Cuba

Barcelona 2024
Linkgua-ediciones.com

Créditos

Título original: La supresión del tráfico de esclavos africanos en la isla de Cuba, examinada con relación a su agricultura y a su seguridad.

e-mail: info@linkgua.com

Diseño de la colección: Michel Mallard.

ISBN rústica ilustrada: 978-84-9953-570-8.
ISBN tapa dura: 978-84-1126-646-8.
ISBN ebook: 978-84-9816-478-7.

Sumario

Brevísima presentación

La vida

José Antonio Saco y López-Cisneros (1797-Barcelona, 1879). Cuba.

Nació en el oriente de Cuba, en la ciudad de Bayamo y tras la muerte de sus padres se desplazó a La Habana. Allí fue discípulo de Félix Varela en el Seminario de San Carlos, donde se graduó como bachiller en Derecho Civil en 1819.

Saco terminó sus estudios de filosofía en la Universidad de La Habana en 1821. En varias ocasiones fue diputado a las Cortes españolas, pero sus críticas a la metrópolis lo obligaron a exiliarse. Saco viajó por Europa y Estados Unidos y colaboró en diversas publicaciones de la época, entre ellas la *Revista Bimestre Cubana*, de la que fue director.

La supresión del tráfico de esclavos

En *La supresión del tráfico de esclavos africanos en la isla de Cuba* José Antonio Saco propone prohibir la entrada de negros en Cuba. Escrito en 1844 y publicado en París, este ensayo ofrece dos argumentos principales para la abolición de la esclavitud en la Isla:

Las personas de raza blanca pueden sobrevivir en igualdad de condiciones en el Caribe y es necesario fomentar la entrada de ellos a Cuba.

La población africana entraña un peligro innato para la paz social y la supervivencia de la raza blanca.

Así lo afirma el autor:

> Estas simples consideraciones nos indican cuan violento y peligroso es el estado de un pueblo en que viven dos razas numerosas, no menos distintas por su color que por su condición, con intereses esencialmente contrarios, y por lo mismo, enemigas irreconciliables. Y cuando para alejar el conflicto, que a todas horas las amenaza, hubiera debido ponerse el más constante empeño en dar un vigoroso impulso a la población blanca, ¿llega nuestro delirio hasta el punto de mantener abierto nuestro seno para recibir en él las arpías que más tarde pudieran desgarrarlo?

José Antonio Saco analiza con datos abundantes: cifras económicas y porcentajes de población divididos por razas obtenidos de los censos que hasta entonces se hicieron en Cuba.

La supresión del tráfico de esclavos es no solo un testimonio del pensamiento antiesclavista cubano. Es, además, un compendio de cifras y análisis que ofrece mucha documentación la formación de la etnicidad de Cuba.

La supresión del tráfico de esclavos africanos en la isla de Cuba, examinada con relación a su agricultura y a su seguridad[1]

Advertencias

I

En 1837 publiqué en Madrid una Memoria intitulada *Mi primera pregunta*, con el objeto de probar que la abolición del comercio de negros no podía arruinar, ni atrasar la agricultura de la isla de Cuba. Accediendo gustoso a los deseos de un amigo, e ilustrado compatriota,[2] que juzga oportuna su reimpresión, la he examinado de nuevo, y después de quitarle y añadirle lo que me ha parecido conforme a las actuales circunstancias, he formado el papel que ahora doy a la prensa.

II

Bajo tres aspectos principales se puede considerar la abolición del tráfico de negros en Cuba: agrícola o material, moral, y político. En cuanto a éste, sin examinarle de lleno, me contentaré con hacer aquellas reflexiones que basten para despertar la atención de España y de su gobierno sobre los peligros que amenazan a Cuba. Acerca del moral, guardaré un profundo silencio: he preferido combatir el interés con el

1 En honor de la justicia y la verdad debo decir, que este papel circuló libremente en Cuba, con expreso consentimiento del capitán general don Leopoldo O'Donnell.

2 Este amigo y compatriota fue don Domingo del Monte, quien tuvo la generosidad de costear la impresión de ese papel.

interés, pues siendo esta arma la que más hiere el corazón, el triunfo es más seguro.

III

Todos saben que, en punto a esclavos, hay dos especies de *abolición*: una del *tráfico* con la costa de África, y otra de la misma esclavitud.

Aunque ambas tienen relación entre sí, jamás deben confundirse, y bien puede la primera tratarse, y aun lo que es más, realizarse, con absoluta independencia de la segunda. Aquélla empezó a debatirse en el Parlamento británico desde 1788, y largos años corrieron sin que se agitase la segunda. Dinamarca y los Estados Unidos de Norteamérica condenaron el comercio africano desde los fines del pasado siglo, y en la centuria que corre, condenáronle también Francia, Suecia, Holanda, y el Brasil. Esto no obstante, esas naciones se hallan todavía en plena posesión de sus esclavos. Pero esta distinción, tan marcada por la historia contemporánea, no basta siempre en Cuba para poner a cubierto de los tiros de la calumnia, al hombre honrado, al patriota puro, que levanta la voz para advertir los peligros que amenazan a la patria. El criminal interés de unos, aprovechándose de la credulidad de otros, confunde e identifica las dos cuestiones; y no pudiendo defender el tráfico de negros, porque los tratados y las leyes lo prohíben, y la ilustración del siglo lo resiste, hacen aparecer a quien lo ataca como *abolicionista de la esclavitud cubana, como conspirador sanguinario*, que empezando por dar de un golpe la libertad a todos los esclavos acabará por degollar a los blancos de su propia raza, y proclamar la independencia. La mano que ahora traza estos renglones, escribió en La Habana en 1832 un artículo[3] en que probó la necesidad de dar fin a tan degradante y peligroso comercio. Pocos fueron los que entonces supieron leerlo con imparcialidad. La opinión del país, dolorosamente extraviada, alzó el grito contra su autor; viose éste calumniado y perseguido; maquinose la venganza, buscáronse pretextos con que cohonestarla, y en castigo de sus sanas intenciones recibió al fin los honores de la expatriación. Pero el tiempo y la verdad, más poderosos que el hombre y la mentira, se encargaron de su desagravio; y hoy, corporaciones e individuos, cubanos y europeos, todos, con muy raras excepciones, todos desean lo mismo que pidió, doce años ha, el proscrito autor del artículo de la Revista. Mas, a pesar de estos deseos generales; a pesar de las voces que recabo de San Antonio; a pesar de la saludable tendencia de este papel, y de la templanza con que le he escrito, tales son las circunstancias de Cuba, y tanto puede ser el rencor de algún contrabandista negrero, que nada tendría de extraño, que comprando éste un vil denunciante o dos testigos falsos, sorprendiese algún tribunal, y me formasen causa por conspirador abolicionista.[4]

IV

Aunque el fin principal de este papel es ilustrar la opinión en España, me alegraría que también circulase en Cuba entre la clase respetable de los hacendados; pero quisiera que esta circulación no fuese furtiva, sino consentida por la autoridad. Y debo esperar que lo será, porque su prohibición solo

3 Publicose en el número 7 de la *Revista Bimestre Cubana*. Éste es el artículo que en esta Colección precede al presente.

4 Cuando escribí esta frase en 1844, gemían bajo el peso de la acusación más infame algunos distinguidos cubanos; pero la calumnia era tan patente que el tribunal militar proclamó su inocencia.

podría recaer, o sobre la naturaleza del asunto, o sobre el modo de tratarlo. La naturaleza del asunto, lejos de merecer censura, es digna de todo elogio. Pues que: cuando el Gobierno español ha condenado el tráfico de esclavos por dos tratados solemnes con Inglaterra, uno en 1817, y otro en 1835; cuando el mismo anatema ha lanzado en varias leyes y reales órdenes, publicadas algunas en Cuba desde 1818; cuando en sus respectivas notas al gabinete británico ha protestado a la faz de Europa contra la continuación de esa maldad; cuando, en fin, por el mundo andan impresas las reiteradas circulares, en que a los gobernadores de Ultramar recomienda el puntual cumplimiento de los tratados, y las leyes contra el tráfico de esclavos; ¿cómo se podrá impedir la circulación de un papel que envuelve a un tiempo la defensa de los principios proclamados por el gobierno, y el laudable deseo de salvar la más preciosa de las colonias españolas? Tal prohibición, pues, ya no podría recaer sino sobre el modo de tratar asunto tan importante; pero acerca de esto, cuanto tengo que observar es, que delante tienen el papel, que lo lean, y después me digan si es posible escribirlo con más imparcialidad, ni con más moderación.

V

Época es la presente de regeneración para España, y ¿cuál puede ser más propicia para que Cuba también se regenere, dando fin a un comercio que mancha nuestro carácter, y conduce nuestra Antilla a una situación que nos puede ser muy funesta? Ruego, pues, a todos los periodistas nacionales, de cualquier opinión política que sean, que den treguas por un momento a sus disputas de partido; que se ocupen en este asunto con un interés verdaderamente español, y que abriéndole francamente las columnas de sus periódicos, suplan y enmienden con sus luces las faltas y los errores en que yo pueda haber incurrido. De este modo harán a la patria un servicio señalado, y a mi persona un favor que siempre agradeceré.

París, y diciembre 23 de 1844.

La supresión, etc.

Al ver que prohibida la importación de esclavos negros de África en todos los dominios españoles desde el 30 de mayo de 1820, ha continuado en la isla de Cuba sin interrupción, forzoso es admitir que algún gran interés la ha sostenido en el transcurso de tantos años. Pero ¿cuál puede ser este interés? ¿Seralo el de la agricultura? ¿Seralo el de la seguridad de aquella Isla? Yo probaré en la primera parte de este papel[5] que la agricultura cubana no necesita del comercio de negros esclavos, y en la segunda, que su continuación, lejos de afianzar la seguridad de Cuba, la hace correr grandes peligros.

Parte primera. La abolición del tráfico de negros no puede arruinar ni atrasar la agricultura cubana

Caña de azúcar, tabaco y café son los ramos principales que hoy la constituyen. Harto fácil y sencillo es el cultivo de las dos últimas plantas, y en ellas no me detendré, puesto que en Cuba todos saben y confiesan, que bien pueden conservarse y extenderse sin el auxilio de negros.

Mas, no sucede así con respecto al azúcar. Propietarios honrados, aunque por fortuna en corto número, piensan todavía como pensaron sus mayores; y apegados al funesto sistema que durante tres siglos ha dominado en las Antillas, creen que la última hora del tráfico africano será también la de la existencia de sus ingenios. Estos hombres, por lo mismo que son de buena fe, merecen todo mi respeto; y de su justicia espero que, no porque tengamos ideas diferentes, consideren

5 Este papel fue traducido en francés por los redactores de la *Revue Colonial* de París, e inserto en ella íntegramente en 1845.

las mías como contrarias a sus intereses o a la felicidad positiva del país.

Cuando subo a las fuentes de donde se ha derivado tan fatal preocupación, descubro que son tres los errores que han influido en el extravío de la opinión: 1.° calidad del trabajo en los ingenios, por sí tan duro, que solo pueden resistirlo los esclavos africanos; 2.° que éstos son los solos, que destinados a esas tareas pueden soportar el clima de Cuba; 3.° que en esta Isla son muy caros los jornales. Examinemos detenidamente cada uno de estos puntos.

1.º Dureza del trabajo en los ingenios

Este trabajo debe dividirse en dos partes: agrícola, o sea, el cultivo de la caña; y fabril, que consiste en el conjunto de las operaciones necesarias para la elaboración del azúcar. La primera es un trabajo igual a muchos, y aún más fácil que otros de los cultivos en que se ocupa la gente blanca en Cuba: y el hecho más victorioso que se puede alegar es, que no solamente hubo desde los tiempos pasados, sino que también hay hoy muchos labradores blancos, dedicados a sembrar, cortar y vender esa misma caña para el consumo abundante que de ella se hace en todos los pueblos de la Isla, donde se come como otros vegetales. De manera que, en cuanto, a la primera parte, lejos de haber imposibilidad o dificultad, existe una prueba en contrario. Respecto de la segunda, ninguno que conozca el arte de la fabricación del azúcar, se atreverá a decir que es tan penoso como se le supone; pues la decantada dureza de sus operaciones más bien procede del abuso que algunos hacen, recargando demasiado a los esclavos, que de su difícil naturaleza. ¿Habrá quien pueda negar, que las herrerías, la construcción de caminos, puentes y canales, la preparación de ciertos productos químicos, la explotación de las minas, etc., son trabajos mucho más recios que la elaboración del azúcar? Y si todo esto se hace en todos los países, incluso la isla de Cuba, por hombres blancos, ¿por qué también no han de poder éstos ocuparse en las fáciles y sencillas tareas de un ingenio? Y tanto más fáciles y sencillas, cuanto la introducción de nuevos instrumentos y máquinas, y los progresos que se van haciendo en la fabricación del azúcar, simplificarán más y más cada día un arte que de suyo no es penoso.

Ni es esto la única ventaja que tiene a su favor. Hállase también exento de los peligros y enfermedades que regularmente acompañan a otros trabajos, pues ni la influencia nociva de la humedad, ni los rigores de la intemperie, ni el contacto fatal de sustancias venenosas, ni la acción mortífera de gases y vapores que atacan la máquina animal, jamás comprometen la vida, ni quebrantan la salud de los fabricantes de azúcar.

Yo no puedo omitir aquí una reflexión importante. El hábito del trabajo, adquirido desde la infancia, es un elemento que nunca debe olvidarse al calcular el éxito de las operaciones industriales. No es del caso entrar en la cuestión de si la fortaleza física del negro africano es mayor o menor que la del hombre de otros países; pero, por más robusto y bien constituido que a aquél se suponga, preciso es confesar que carece de la práctica del trabajo, de aquel trabajo pacífico, fruto exclusivo de la civilización.

Verdad es que el africano, a la manera de otros salvajes, sabe correr y saltar, y vencer también en los combates a sus semejantes y a las fieras; pero, cuando cesan los gritos del hambre, y se calma el furor de sus pasiones, entonces se entrega a la más profunda y estúpida indolencia.

Y si tal es la mísera condición en que yace, ¿podrán sus esfuerzos industriales entrar en paralelo con los del hombre acostumbrado desde sus primeros años a las fatigas del trabajo, y cuando le estimula a vencerlas, ya el interés personal, ya otros incentivos poderosos, que no tienen influencia alguna en el abatido africano? El largo aprendizaje que éstos tienen que hacer después de su arribo al Nuevo Mundo, y la desesperación en que muchos caen, arrancándose la vida, son pruebas incontrastables de esta dolorosa verdad.

Si vuelvo la vista a otros países donde también se hace azúcar, encuentro muchos ejemplos que ilustran esta materia. Sin esclavos africanos se elabora en varias partes del Asia, y no en corta, sino en grande cantidad. Las posesiones inglesas de la India exportan anualmente para la Gran Bretaña millones de arrobas.[6] La isla de Java, que cuando los holandeses acabaron de conquistarla en 1831, casi nada producía, diez años después llegó a exportar 1.138.000 quintales; o sea, 56 millones de kilogramos. El mismo impulso se prepara bajo la administración holandesa en las Molucas, Célebes y Sumatra.[7] La exportación de Manila en 1843 ascendió a 356.141 *pecules*.[8]

Si del Asia pasamos a Europa, vemos que sin esclavos africanos también se extrae de la remolacha, y con más trabajo que de la caña. Prusia tiene como 100 fábricas. Según las memorias de la Sociedad de Agricultura de Moscú, había en Rusia en 1840 no menos que 158, las que rindieron 3 millo-

6 Importante es conocer no solo las cantidades exportadas en estos últimos años, sino las fluctuaciones que ha experimentado esta misma exportación en los anteriores. Los datos que publico, son sacados de los documentos impresos por orden del Parlamento.

7 *Java, Sungapore et Manile*, poar Maurice d'Argout, París, 1841. Este viaje se hizo por orden del Gobierno francés.

8 El *pecul* equivale a 133 libras y 1/3.

nes de kilogramos. La Asociación de Aduanas de los Estados de Alemania contaba en el mismo año 141 fábricas cuya producción llegó a 12.168.000 kilogramos.

Años	Cantidad en kilog.	Años	Cantidad en kilog.	Años	Cantidad en kilog.
1815	6.379.948	1824	13.804.441	1834	3.890.611
1816	6.451.701	1825	7.413.626	1835	5.145.588
1817	6.392.847	1826	7.920.968	1836	7.730.189
1818	8.246.418	1828	6.739.623	1837	15.065.360
1819	10.436.661	1829	8.837.548	1838	21.777.206
1820	14.077.638	1830	10.841.225	1839	26.351.012
1821	13.668.046	1831	8.215.138	1840	24.518.412
1822	11.495.119	1832	4.481.695	1841	57.851.064
1823	11.150.272	1833	5.673.700	1842	47.361.100

(*) El kilogramo equivale a 2 libras, 2 onzas, 12 adarmes y 15 granos de Castilla.

Mucho mayor cantidad que ésta elabora Francia anualmente. De la caña, en fin, también la sacaron sin el auxilio de negros las provincias de Málaga y Granada, y a pesar de las desgracias de España, todavía se conservan vestigios de sus fábricas en Vélez, Torró, Almuñecar, Frijiliana y Nerja.

La América también nos presenta pruebas incontestables de la fabricación del azúcar sin esclavos africanos. El coronel Flinter, en un opúsculo que publicó en Londres en 1834[9] sobre la isla de Puerto Rico, dice que en 1832 había 300 ingenios servidos por esclavos, y 1.277 plantíos pequeños de caña con trapiches, o molinos de madera, cultivados casi to-

9 *An Account of the Present State of Puerto Rico.*

dos por hombres libres. Dice también que Puerto Rico hizo en aquel año 414.663 quintales de azúcar, y que de esta cantidad, 80.000, a lo menos, fueron producto del trabajo libre. Después acá su exportación ha crecido considerablemente, y como se han importado pocos esclavos, es evidente que gran parte del aumento procede de brazos libres, nacidos en el país.

Los primeros ingenios de México fueron casi coetáneos a la conquista.

Hernán Cortés, en la cláusula 40 del testamento que otorgó en Sevilla en 18 de agosto de 1548, hace mención de unas tierras que años antes había cedido a su criado Bernardino del Castillo, para que hiciese, como efectivamente hizo, un ingenio cerca de Cuyoacán. López de Gomara, al describir el estado de las colonias españolas a mediados del siglo XVI, dice que ya México producía tanta azúcar, que de Veracruz y Acapulco se exportaba para España y el Perú. Si no todas, por lo menos la mayor parte de aquellas haciendas se fomentaron con negros esclavos introducidos de África, y yo tengo noticias de una, cuyo número subió casi a 200: tal fue el ingenio de San Nicolás Tolentino, situado en la jurisdicción de Izucar, que compró en 1808 el habanero don José del Cristo.

Éste, en carta que original conservo, escrita en 9 de junio de 1831, al benemérito cubano don Francisco Arango, le asegura que de antiguos avalúos hechos por los dueños primitivos, consta que el ingenio había tenido como 200 negros esclavos; pero que, cuando él lo adquirió, ya solo había tres o cuatro viejos, a quienes dio inmediatamente la libertad. Desde entonces este ingenio, que era uno de los principales de México, quedó enteramente servido por brazos libres mexicanos.

No sucedió allí como en Cuba. En esta Isla, los ingenios se multiplicaron en razón directa de la introducción de esclavos; mas, en México se fomentaron al paso que éstos disminuían. En 1793 el número de esclavos negros no llegó a 6.000 en toda la Nueva España. Por entonces acaeció la catástrofe de Santo Domingo; y elevándose los precios del azúcar a una altura prodigiosa, construyéronse en México nuevos ingenios, así en las tierras calientes, como en las templadas. En la intendencia de Puebla llegaron algunos a producir anualmente más de 20 y 30.000 arrobas, y después de abastecer todo aquel virreinato, cuyo consumo se calcula como en 2 millones de arrobas, todavía se exportaron los sobrantes por Veracruz; sobrantes que, en 1802, subieron a 439.122 arrobas; en 1803, a 490.292, y en 1804, a 381.509. Pero no es lo más notable, que casi todo este azúcar hubiese sido producto del trabajo libre; esto sí, que se hubiesen fomentado sin esclavos grandes ingenios, y que los que se fundaron y crecieron con solo el auxilio de tales brazos, ya desde la segunda mitad del siglo XVIII, hubiesen renunciado a ellos, y servídose casi exclusivamente de libres jornaleros.

Si México no elabora hoy el azúcar que a los fines del pasado siglo y a los principios del presente, debe atribuirse, no a la falta de esclavos negros, sino al envilecimiento de los precios de aquel fruto, a la carestía de los transportes, y a los trastornos políticos que agitan las entrañas de aquella república. Pero, pues produce todavía azúcar, y en otro tiempo la ha producido en gran cantidad, ofrecemos una prueba evidente de que su fabricación no necesita de brazos africanos. Aun pudiera citar nuevos ejemplos; pero los hasta aquí presentados bastan para demostrar la verdad que he sentado. Y cuando en tantos países, así del viejo, como del nuevo continente, se fabrica azúcar sin negros esclavos, y en la mayor parte de dichos países se obtiene la caña, y bajo latitudes y climas semejantes a los de las Antillas, ¿serán los habitantes de Cuba tan desgraciados, que no puedan hacer lo que otros hacen, y que no lo puedan, tan solo por la dureza del trabajo de los ingenios? Yo apelo a la conciencia de mis lectores, y confiado en que me darán una respuesta favorable, paso a combatir el segundo error.

2.º Solo los negros africanos pueden resistir los rigores del clima de Cuba

Para fundar esta proposición, que es falsa en todas sus partes, se invocan la analogía y los hechos. África es un país caliente. Cuba también lo es; he aquí la analogía. Los habitantes de climas fríos están expuestos a la fiebre amarilla, pero los hijos de África no; he aquí los hechos.

Si los negros de aquella región transportados al Nuevo Mundo, solamente tuvieran que luchar con los efectos del clima, seguro es que entonces la analogía podría servir de argumento; pero sometidos al mismo tiempo al imperio de circunstancias físicas, políticas y morales, que neutralizan y destruyen la influencia favorable que sobre ellos pudiera ejercer el clima, la analogía no puede tener fuerza alguna. ¿Qué importa que el calor no fatigue al africano, si, por otra parte, le asaltan causas de otro linaje, que no le es dado resistir? Cierto es que la fiebre amarilla no ataca los negros africanos; ¿mas, esto, acaso es un privilegio de que gozan exclusivamente? ¿No están exentos también de ella todos los cubanos, los naturales de las demás Antillas, los de gran parte de la América española, y de otros países, cuyo clima es semejante al de Cuba?

Aun respecto de los mismos que han nacido y habitado en temperamentos fríos, es preciso hacer algunas consideraciones, pues la fiebre en Cuba, ni es tan general como vulgarmente se dice, ni tan destructora como se supone.

1.ª Ya no debe infundir tanto temor como en tiempos anteriores, porque conociéndose mucho mejor, también se sabe curar mejor.

2.ª No reina en la mayor parte del año, sino en los meses más calurosos.

3.ª Hay años, como el presente de 1844, en que es menos maligna, no solo porque aparece con pocas fuerzas, sino porque empieza muy tarde, y acaba muy temprano.[10]

4.ª El peligro no es indefinido, pues pasado el primer estío, es probable que no ataque en el segundo, y si tampoco invade en éste, ya entonces deben cesar los temores, pues es rarísimo el caso que ocurre en tales circunstancias.

10 El año de 1857 será memorable en La Habana por la extraordinaria duración de la fiebre amarilla, pues se prolongó hasta los meses de invierno. Esto forma contraste con lo acaecido en el estío de 1794, en que la fiebre cesó enteramente con el huracán del 28 de agosto, conocido allí con el nombre de tormenta de San Agustín, por ser ese el día en que la Iglesia católica celebra la fiesta de tan insigne Doctor. Es de creer, que el terrible sacudimiento que entonces experimentó la atmósfera, la purificó de las miasmas que producían la enfermedad. Igual efecto observó Moultrie, en la Carolina, con la variación repentina de la temperatura atmosférica, pues la epidemia de fiebre amarilla que la desolaba en 1745, desapareció con el frío intenso que sobrevino el 21 de septiembre de aquel año. Si ella cesó en La Habana, en 1794 desde fines de agosto, según el respetable testimonio del médico distinguido y elocuente escritor doctor don Tomás Romay, él también nos dice en papel que publicó en el *Aviso de La Habana* en junio de 1800, que en este año fue cuando por primera vez se observó en aquella ciudad la aparición de la fiebre amarilla desde el mes de marzo, yo no sé, si él se refiere a sus propias observaciones o a las de épocas anteriores; pero de cualquier modo que sea, es útil para la historia de la medicina consignar aquí estos datos.

5.ª La mayor parte de los extranjeros recién llegados en la estación calurosa no padecen la enfermedad, y de los invadidos solamente mueren muy pocos.

6.ª Aun esta corta mortandad no tanto proviene de la naturaleza del clima, cuanto del género de vida de los recién llegados, pues muchos se visten de paño, aun en los días más calientes, se exponen al Sol a todas horas, y se dan a bebidas fuertes y otros excesos, que, ya en más, ya en menos grados, son dañosos en todos los países. Cuando se evitan estos desórdenes, entonces hay mucha probabilidad de que el mal no invadirá.

7.ª y última. La fiebre está confinada a una estrecha faja alrededor de las costas, pues alejándose un poco de ellas, el mal desaparece. Aun la villa de Guanabacoa, que apenas dista media legua de la famosa bahía de La Habana, ha servido algunas veces para preservar de la fiebre a las tropas enviadas de España; y entre los casos favorables que se pueden citar, mencionaré uno muy notable, que recuerdo haber leído en un diario de La Habana de 1802. Llegaron a ella en aquel año los regimientos llamados, Irlanda, Sevilla, España y Navarra. Los dos primeros se encerraron en La Habana, y sufrieron mucho de la fiebre; mas, los dos últimos fueron acuartelados en Guanabacoa, y todos se salvaron. Los cubanos saben por una larga experiencia, que la fiebre amarilla es enfermedad exclusiva de algunos puntos de las costas, y que no se conoce en el interior de la Isla. Esta consideración, por sí sola, es de gran importancia; porque debiendo establecerse los colonos, no en los pueblos marítimos, sino fuera del espacio fatal en que se aspiran las semillas de la fiebre, no hay temor de que perezcan.

Examinemos ahora la cuestión bajo de otro punto de vista. Si es verdad que los negros no padecen de fiebre amarilla, también lo es que están expuestos a otras enfermedades, que ya les sean peculiares, ya comunes a los demás hombres, causan siempre en ellos más estragos que en la raza blanca. ¿Qué cubano ignora, que la disentería es una de las plagas que atormentan a los esclavos africanos, y que sacrificados por ella, perecen en los buques y en los barracones?[11] ¿Quién no sabe que son muy propensos a las bubas, a las llagas, a ciertos males cutáneos de un carácter pernicioso, al vicio de comer tierra, y a la erupción venérea conocida en algunas Antillas con el nombre de pian, y que los nosologistas llaman framboésia? Cuando el cólera invadió a Cuba, allí fuimos tristes testigos de la crueldad con que se cebó en los infelices africanos; y al recordar sus horrores, yo llamo desde la distancia que me separa del suelo patrio, yo llamo a los hacendados cubanos para que me digan de buena fe, si en aquellos aciagos días, en que la muerte asolaba sus campos, no lloraron con amargas lágrimas el sistema de esclavitud que los había traído a tanta desventura.

Tan importante como curioso sería tener un censo de todos los blancos y negros que durante medio siglo han entrado en la isla de Cuba, y también el de todos los que han muerto de uno a dos años de su llegada.

Entonces se vería cuánto se inclina la balanza hacia los africanos, no solo en el número absoluto, puesto que su introducción ha sido incomparablemente mayor que la de blancos, sino en el relativo a las entradas de unos y otros. Ni puede ser de otra manera, porque los individuos de raza blanca que se establecen en Cuba, emigran voluntariamente de su país; no sufren en la navegación las privaciones que los esclavos africanos, y trabajando después que llegan por sí, y

11 Así se llaman los edificios (grandes *barracas*) donde se depositan hasta su venta los negros recién importados de África.

solo para sí, son más solícitos de su interés y de su vida. La mortandad, que es inseparable del tráfico de negros, ha aumentado desde que las leyes lo prohibieron.

En tiempos que era permitido, cada cinco esclavos ocupaban el espacio de dos toneladas; los cargamentos que llegaban, se sometían al régimen severo de una policía sanitaria; vacunábanse los negros para preservarlos de la viruela; curábaseles en sus enfermedades; y si había temores de que el mal se propagase, se les dejaba en cuarentena. Estas medidas contribuían a que se diese a los esclavos durante la navegación un trato menos riguroso, y a que, por consiguiente, su mortandad disminuyese, pues no pasaba de 10 a 15 %. Mas, todo esto se acabó con la prohibición del tráfico. Desde entonces, el contrabandista negrero solo trató de amontonar en sus buques el mayor número posible de esclavos, y surcando con ellos los mares, los lleva hasta América, con una mortandad en sus cargamentos de 25 y a veces de más de 33 %. Pero si muchos expiran en la navegación, muchos perecen también tendidos en las playas de Cuba, porque arribando clandestinamente, no se toma ninguna precaución sanitaria; y quedando expuestos a la viruela y a otras enfermedades, mueren en gran número por hallarse destituidos de los socorros que encontraban en tiempo del comercio lícito.

Ni son los males físicos los únicos enemigos de los esclavos africanos.

Las preocupaciones religiosas y el terror que les infunden sus brujos y hechiceros, son también origen de muchas desgracias. Obeah, u Obia, es el nombre que dan los negros a esas prácticas supersticiosas; y el que quiera convencerse de sus funestas consecuencias, puede consultar la historia de las Antillas. Si los males procedentes de esta causa se hubiesen observado con más atención, ya se vería todo el influjo que ejerce; pues de ella ha provenido en varios casos una mortandad, que o no se ha podido explicar, o que equivocadamente se ha atribuido a otros principios.

Y ya que tanto se pondera la resistencia de los negros africanos al clima de Cuba, bueno será traer a la memoria lo que allí se ha visto con frecuencia, y lo que por lo mismo nadie podrá negar. ¿No emigran a Cuba a centenares los isleños de Canarias? ¿No llegan en cargamentos después de una larga travesía? Y ¿cuántos mueren en ella? ¿Cuántos en los primeros días, después de su arribo, aun en la estación más calurosa?

¿Cuántos después que se entregan al cultivo de los campos, o a otras ocupaciones? Un número cortísimo, un número insignificante comparado con el de los esclavos africanos. Y si tenemos este dato irrefragable, ¿por qué se empeñan algunos en repetir que el clima cubano se opone a que las tareas de un ingenio sean desempeñadas por otros brazos que esclavos africanos? La observación que he hecho respecto de los canarios, es todavía más aplicable a los mismos blancos cubanos, porque, además de estar exentos de la fiebre amarilla, nada es más común que verlos en los campos, sufriendo día y noche los rigores de la intemperie, y venciéndolos todos con una fortaleza superior a la del más robusto africano.

Ensanchando el círculo de estas reflexiones, aun podemos preguntar:

¿Acaso impide el clima que millares de españoles europeos, de norteamericanos, franceses, ingleses, alemanes, y otros habitantes de fríos, fijen en Cuba su domicilio, y se dediquen al comercio y a las artes, o a otras profesiones lucrativas? ¿No van casi todos ellos a establecerse en los puertos de mar, y particularmente en La Habana, que es el punto de la Isla donde en la estación calurosa están más expuestos a los ataques de la fiebre? Fiebre hay también en otras Antillas; y hablando de las francesas, un escritor[12] que residió muchos años en ellas, y que ciertamente no es partidario de sus climas, se ve forzado a reconocer la aptitud de los europeos para los trabajos coloniales. Oigámosle:

> Hemos visto en Santo Domingo, en la Guadalupe y en Martinica, al principio de este siglo, cuerpos de tropas blancas, siempre alertas y en movimiento, ejecutar en escala mayor fortificaciones de campaña, y concluir estas faenas con tanta prontitud y con tan buen éxito como si hubieran vivido bajo el cielo de Europa. Ellas resistían a la invasión de las enfermedades tropicales, aun mucho mejor que los soldados de las guarniciones que vivían en el descanso y la ociosidad.

Todavía es más concluyente lo que en otra parte refiere.

> En 1807, como impidiese el bloqueo de los puertos de la Martinica proveer de víveres la isla, fue preciso ocurrir a recursos extraordinarios para alimentar su guarnición. Diose a los soldados, cuyo servicio no era de absoluta necesidad, licencia para ir a trabajar en los campos por su cuenta. A pesar de las críticas circunstancias de aquel tiempo, su salario mensual, según los ajustes que hicieron, no bajó de 12 pesos fuertes además de la manutención, y para un gran número fue mucho más considerable.
>
> Los hacendados quedaron tan satisfechos de su buena conducta y de su trabajo, que los pedidos que hacían de nuevos trabajadores, excedían en mucho al número de los que se les podían conceder.

12 *Recherches statistiques sur l'exclavage colonial*, par M. Alex. Moreau de Jonnès, París, 1842.

No ya de la aptitud, sino aun de la superioridad de los blancos sobre los negros para ciertos trabajos recios tropicales, nos dan un ejemplo los vapores del Gobierno inglés, que sirven de correos entre diversos puntos de las Indias occidentales. Creyose al principio, que los europeos empleados, en los climas fríos, en atizar el fuego de las calderas de las máquinas de vapor debían ser reemplazados por negros; pero la experiencia demostró que la organización del blanco resiste mejor que la del africano a la alta temperatura de aquellas máquinas.

A las transiciones del calor al frío en las Antillas son los negros mucho más sensibles que los blancos. Acostumbrados a los rigores del ardiente Sol de su país, echan de menos su acción en las Antillas, y a pocos grados que baje el termómetro, en los meses que en ellas se llaman impropiamente de invierno, andan encogidos y trémulos, y en las horas que no duermen o trabajan, se les ve colocados junto al fuego. Y esto debe acontecer en Cuba con más frecuencia que en otras Antillas, porque estando situada en el límite septentrional de la zona tórrida, y solo separada del continente por el estrecho canal de Florida, está expuesta durante algunos meses a los vientos fríos del norte y del noroeste.[13]

13 Léanse los resultados que varios observadores han obtenido acerca de la temperatura de algunas Antillas, en parajes situados al nivel del mar. Todas las observaciones están reducidas a la escala del termómetro centígrado.

	Temp. máxima	Temp. mínima	Temp. media en todo el año
Jamaica (Kingston)	32.°, 78	20.°,56	26.°,67
Jamaica en las costas	32, 22	20,56	27,22
Trinidad	33,89	25,37	«

Las preocupaciones a que el comercio de negros ha dado origen contra el clima de las Antillas, se refutan también victoriosamente con su colonización primitiva, y con las oscilaciones que en ellas ha experimentado la raza blanca. Se ha visto que ésta, en las mismas islas, ora ha menguado, ora ha crecido, ora ha quedado casi estacionaria, y todas estas alternativas han acaecido con absoluta independencia del clima.

Cuando Francia extendió su imperio a las Antillas, en la primera mitad del siglo XVII, no se valió de negros para fundar sus primeros establecimientos.

De la Normandía pasaron a centenares los colonos, que por algunos años se destinaron a todos los trabajos de las islas francesas; y como se comprometían a servir por tres años, llamóseles *engagés a 36 mois*. Andando el tiempo, aquellos campos dejaron de cultivarse exclusivamente por gente blan-

Barbados	27,59	22,18	26,37
Dominica	33,33	26,00	«
Puerto Rico	35,00	18,75	«
Martinica	35,00	20,56	27,24
Guadalupe	39,30	18,50	27,51
Santo Domingo (en Cabo Francés)	35,00	20,00	27,22
Cuba (en La Habana)	32,03	10,00*	25,55

* En el pueblo de Ubajay, a 5 leguas de La Habana, y a 38 toesas sobre el nivel del mar, observó Robredo en 1801 que el termómetro centígrado había bajado a 0°. En la tabla inserta se notará, que la temperatura mínima es en Cuba más baja que en todas las Antillas citadas, y que, a excepción de Barbados, la máxima es menor que en las demás. No inferiré, por esto, que Cuba sea más templada que aquellas islas, pues los términos extremos no son los que constituyen el clima de un país; pero sí podré afirmar que lo es, fundándome en las temperaturas medias, pues de la tabla aparece que es menor en Cuba que en las demás Antillas.

ca: mas, esto acaeció, no porque el clima lo resistiese, sino por los desórdenes de la administración, por la crueldad con que se trataba a los colonos, y por el ejemplo de otras colonias, en que ya se empleaban negros africanos, que producían grandes ganancias a hacendados y traficantes. Sin este fatal aliciente, la inmigración europea hubiera continuado, pues su enemigo mortal no ha sido el clima de las Antillas, sino el tráfico de esclavos.

Poca gloria cupo a los ingleses en la colonización de aquellas islas.

Casi todas las que hoy poseen, las conquistaron de otras naciones; pero las pocas que poblaron ellos, recibieron por primeros cultivadores, no negros africanos, sino colonos europeos.

España, a quien se debe el descubrimiento del Nuevo Mundo, fue también la primera que dio el ejemplo de la colonización blanca. Con el brazo de sus hijos paseó triunfante por aquellas vastas regiones el estandarte de Castilla; con ese mismo brazo desecó lagos, enfrenó ríos, abrió caminos y levantó ciudades y fortalezas; y con él también descuajó los bosques, y rompió las tierras, que en su seno recibieron las primeras semillas de las plantas europeas. Algunos años después de la conquista se importaron los primeros negros; pero debe observarse que esta introducción fue para aliviar a los indios, y no porque se considerase a los españoles incapaces de resistir el clima americano. Cuando el gran Bartolomé de las Casas pidió en 1517 algunos negros para Santo Domingo, pidió igualmente que se enviasen labradores de Castilla: prueba bien clara de que en aquellos tiempos, en que el clima de las Antillas debía ser aún menos salubre que hoy, la raza europea se miraba como muy útil para las faenas de la agricultura. Contemporáneamente a Las Casas, también clamaron por negros los pobladores, los empleados civiles y militares, y aun las comunidades religiosas de aquellas islas. Pero jamás se fundaron en la insalubridad de su clima, sino en la falta de brazos que se experimentaba con la muerte de los indios: y lejos de considerar su influencia como perniciosa, la isla de Santo Domingo, alarmada por los negros, pidió al gobierno desde 1520, que dejase pasar a ella gente de cualquier nación.[14]

Las alternativas que en algunas de dichas islas ha experimentado la población blanca, no se pueden explicar por la influencia del clima.

Inglaterra se apoderó de Jamaica en 1655. Ignórase cuál fue entonces su escasa población blanca; pero sábese que menguó mucho con la guerra y con la emigración de las familias españolas que la habitaban. Los trastornos de la Gran Bretaña después de la muerte de Cromwell, y los temores de sus partidarios al ver desde 1560 los síntomas ciertos de la restauración de los Estuardos, hicieron pasar a Jamaica muchos súbditos británicos. Con este impulso, la población blanca llegó a los siete años de la conquista a 4.500. Al mismo tiempo, la isla se convirtió en guarida de los piratas, que al paso que infestaban el mar de las Antillas, saqueaban también las colonias españolas. Afluyendo a ellas las riquezas, los blancos aumentaron; y según carta escrita por Tomás Lynch, su gobernador, al lord Arlington, ministro de Estado, ascendieron en 1673 a 7.786. Mas, habiendo cesado enteramente la piratería, la población blanca perdió el estímulo que entonces la fomentaba, y menguando más bien que creciendo en los sesenta años posteriores, todavía en 1734 no bajó de 7.644. Encendida la guerra entre Inglaterra y España en 1739, las escuadras y los cruceros británicos renovaron sus

14 Herrera: Década II, lib. IX, cap. 2.

ataques contra los buques y los establecimientos españoles; y volviendo Jamaica a enriquecerse, la población blanca cobró nuevas fuerzas, elevándose en 1742 al total de 14.000.[15] Reanimose también con la independencia de los Estados Unidos; pues algunos de los ciudadanos que se mantuvieron fieles a la madre patria, se fijaron en aquella isla. Con estos auxilios, la población blanca subió en 1791 como a 30.000.[16] Yo no sé si después tuvo algún aumento, pero lo cierto es que, abandonando muchos blancos la Jamaica, su número no llega hoy a 16.000.

¿Y se atribuirán al clima tantas oscilaciones en los números de la raza blanca? ¿No es claro que solamente han provenido de causas políticas, y que si éstas hubiesen sido siempre favorables, aquélla habría prosperado rápida y constantemente?

Los blancos de Granada y las Granadinas ascendieron en 1700 a solo 251. Eleváronse a 1.262 en 1753, y a más de 1.600 en 1771. Pero desde entonces empezaron a disminuir en tales términos, que en 1827 estaban reducidos a 834.

> Si esto se debe atribuir, dice Bryan Edwards, a los acontecimientos de la guerra, a las disensiones domésticas, o a las calamidades enviadas por la mano de la Providencia, yo no lo sé; pero aparece que la población blanca de Granada y las Granadinas ha disminuido considerablemente desde la primera vez que estas islas cayeron en poder de los ingleses.[17]

Si este historiador hubiera escrito después de la Revolución Francesa, no habría vacilado en afirmar que las desgracias de

15 Montgomery Martin: *History of the British Colonies*, vol. II.
16 *History of the West Indies*, vol. II, lib. III, cap. 2.
17 Montgomery Martin: *History of the British Colonies*, vol. II.

Granada procedieron inmediatamente de la mano del hombre y no de la Providencia.

Otro historiador de las colonias británicas, después de mencionar la insurrección que allí duró desde marzo de 1795 a julio de 1796, asegura, que los asesinatos y devastaciones que causaron los rebeldes, dieron a la isla un golpe tan tremendo, que nunca más se ha podido reponer.[18] Vese, pues, como la población blanca creció en los dos primeros tercios del pasado siglo, y como de entonces acá ha menguado mucho, sin que en esto haya tenido el clima influencia alguna.

San Cristóbal empezó a ser colonizada por los ingleses en 1624. A pesar de las invasiones y otras desgracias que sufrió en el siglo XVII, su población blanca fue de algunos millares; mas, decreciendo gradualmente, apenas llegó en 1832 a 1.612. ¿Y se hará al clima responsable de esta disminución, cuando en tiempos anteriores no se opuso al aumento de los blancos, y cuando aquella isla tiene fama de ser en extremo seca y saludable?[19]

Los ingleses ocuparon la Dominica en 1759, y su posesión les fue confirmada por el Tratado de París, concluido en febrero de 1763. A solo 600 llegaron entonces los blancos. El Parlamento concedió a la isla franquicias mercantiles; repartiose la mitad de sus tierras, y a los compradores se impuso la condición de que empleasen en su cultivo cierto número de blancos. De aquí resultó, que éstos subieron diez años después, o sea, en 1773, a 3.350. Pero invadida la isla por los franceses, y dominada por ellos hasta la paz de 1783, en que la restituyeron a la Gran Bretaña, muchos colonos emigraron, y ya por aquellos tiempos la población blanca quedó re-

18 Bryan Edwards: *History of the West Indies*, vol. I, lib. II, cap. 5.
19 Montgomery Martin, vol. II.

ducida a 1.236. He aquí como influyeron causas políticas por sí solas, ora en aumentar, ora en disminuir la raza europea.

Si no temiera ser difuso, yo recorrería una por una las Antillas inglesas para probar, que prescindiendo del clima, la población blanca ha crecido en todas, siempre que se le ha fomentado, y disminuido cuando se la ha contrariado. Mas, ya que las paso en silencio, permítaseme por lo menos detenerme algunos momentos en las Barbados, pues ésta fue en otro tiempo la Antilla británica más importante por su comercio y su población blanca.

Empezaron los ingleses a colonizarla en 1624. Con la revolución de Inglaterra, muchos buscaron un refugio en las Barbados, y tan grande fue la emigración, que en 1650 se computó que había 20.000 hombres blancos, de los cuales 11.000 se hallaban en estado de tomar las armas.

En el entretanto, las tierras se repartieron, abriose un vasto comercio con Holanda y otros países, y libre la isla de trabas y restricciones, pues que no obedecía al gobierno recién instalado en la metrópoli, llegó a un alto grado de prosperidad.

> Que el suelo de esta isla es naturalmente muy fértil [así se expresa Bryan Edwards],[20] debemos necesariamente reconocerlo, si damos crédito a las noticias que han llegado hasta nosotros acerca de su antigua población y opulencia. Se nos ha asegurado que por los años de 1670 las Barbados tenían 50.000 blancos, y más de 100.000 negros, cuyos trabajos, según se dice, empleaban 60.000 toneladas en la exportación. Yo sospecho que esta noticia es muy exagerada.
>
> Sin embargo no puede dudarse que los habitantes de esta isla han menguado con una rapidez pocas veces conocida en ningún otro país.

20 *History of the West Indies*, vol. II, lib. III, cap. 1.

Efectivamente, los blancos habían bajado en 1724 a 18.295, y los negros en 1753 a 69.870. En 1786 aquéllos estaban reducidos a 16.167, y éstos, a 62.115. Y esta disminución acaeció cabalmente en la época en que el comercio de esclavos que hacían los ingleses con la costa de África, se hallaba en el estado más floreciente.

Pero, ¿en qué consistió tan grande decadencia? Tres fueron sus causas principales. 1.ª Destruida la república inglesa, y sentado Carlos II en el trono de sus mayores, se impuso a la colonia en 1663 una contribución permanente a favor de la corona de 4½ % en dinero, sobre el producto neto de todos los frutos que exportase. Este grave tributo, afectando de año en año los intereses de la agricultura, no pudo menos que producir desastrosos resultados. 2.ª Debiose a la república el origen de la famosa acta de navegación, y Carlos II no solo la adoptó, sino que también amplió sus disposiciones. De aquí fue que la isla de las Barbados, que hasta entonces se había servido de la marina holandesa para exportar sus frutos a Europa, vio interrumpido su comercio; y los colonos, en los gritos de desesperación que lanzaron, predijeron con bastante acierto que aquella acta, acompañada de la funesta contribución del 4½ %, causaría grandes males a la población y agricultura. 3.ª La superficie de aquella isla solo es de 106.470 acres de tierra; y dados casi todos al cultivo desde el siglo XVII, no hubo ya espacio suficiente para los ingenios que entonces se empezaban a fomentar. Encarecidas las tierras, algunos pequeños propietarios vendieron sus suertes a un precio muy elevado, y trasladándose a otros países donde podían comprarlas más barato, contribuyeron también a disminuir el número de los blancos.

Así fue como éstos, sometidos siempre a la influencia de un mismo clima, crecieron y menguaron extraordinariamente en las Barbados.

Si echamos una rápida ojeada sobre las Antillas francesas, veremos que la población blanca de Guadalupe y de sus dependencias (las Santas, San Martín, la Deseada, y Mari-Galante) ascendió en 1700 a 3.825.

Fue aumentando paulatinamente hasta 1819, en que subió a 14.143, máximo de su incremento. Después acá empezó a bajar, y en 1835 ya no había sino de 11 a 12.000 blancos.

Éstos llegaron, en Martinica, en 1700, a 6.597. Suben a su más alto punto, o sea, a 12.450, en 1767. De aquí menguan hasta 1784: vuelven a subir un poco hasta 1790; y desde entonces han ido disminuyendo constantemente: de manera, que en 1835 estaban ya reducidos a menos de 9.000. ¿Y proceden acaso del clima tantas alternativas? Las invasiones extranjeras, las vicisitudes del comercio, las disensiones intestinas, la mayor o menor fertilidad de las tierras, la facilidad o dificultad de adquirirlas, y los rivales que han encontrado sus frutos aun en los mercados de Francia; tales son las causas que han influido en las oscilaciones de la población blanca.

Lleguemos, por fin, a las Antillas españolas. La población blanca de Cuba ascendió en 1841 a 418.291. Y tan considerable número, ¿no es producto exclusivo de la colonización europea? ¿No es verdad que si ésta hubiese sido mayor, también lo habría sido aquél? El clima que hoy nos da 418.000 blancos, ese mismo nos daría una cifra muy superior, si nuestro suelo no se hubiera contaminado con la inundación de tantos africanos.

Aquí es de hacerse una reflexión de muy consoladora esperanza. La colonización de Cuba empezó en 1511, y desde aquel año hasta 1775, en que se hizo el primer censo, todos los blancos no llegaron sino a 96.000.

Hemos visto que éstos ascendieron en 1841 a más de 418.000; pero el espacio transcurrido de 1511 a 1775 es de 264 años, mientras el de 1774 a 1841 es solo de 66. De modo, que en este último período aparece la población blanca más de cuatro tantos mayor que en todo el primero. ¿Y de dónde provienen tan notables diferencias? ¿Nace por ventura del clima el lento progreso de los blancos en los primeros 264 años? Y si se dice que sí, ¿cómo es que ese mismo clima no se ha opuesto a su rápido incremento en los últimos 66?

Subamos a otras causas, y desaparecerán las contradicciones. Desde la conquista hasta 1778, Cuba estuvo gimiendo bajo el monopolio de los negociantes de Sevilla y Cádiz; y en ese largo período muy poco pudo adelantar. Mas, en aquel año se le abrió una nueva era. El gobierno ilustrado de Carlos III, renunciando a la política mezquina de sus antecesores, derogó los monstruosos privilegios de aquel monopolio, habilitando trece puertos de España, para que comerciasen con América.

Aumentáronse después las franquicias, y Cuba, o más mañosa o más afortunada que las otras colonias hispanoamericanas, logró al fin que se le permitiese abrir relaciones directas con los países extranjeros. Desde entonces, a pesar de que no se fomentó la colonización blanca, a pesar de que el enemigo más formidable de ésta siempre ha sido la trata de los negros, pues que sin ella, el número de blancos se hubiera aumentado mucho más; la influencia vivificadora del comercio ha sido tal, que la población blanca cubana, que en el último tercio del pasado siglo solo llegó a 96.000, en poco más de media centuria se ha levantado al alto número de 418.000. Este ejemplo no necesita de comentarios, y la historia de lo pasado nos anuncia el porvenir.

Por los años de 1509 asentaron los españoles su primera colonia en Puerto Rico; y en los 285 que corrieron hasta 1794, los blancos solo llegaron a 30.000. Para el objeto que me propongo, es muy importante conocer el progreso de la población, y en la tabla que inserto, se leerá el resultado de los censos hechos desde aquel año.

Años	Blancos	Mulatos libres	Negros libres	Esclavos	Total
1794	30.000	«	«	17.500	«
1802	78.281	55.164	16.414	13.333	163.192
1812	85.662	63.983	15.833	17.536	183.014
1820	102.432	86.269	20.191	21.730	230.622
1827	150.311	95.430	25.057	31.874	302.672
1830	162.311	100.430	26.857	34.240	323.838
1836	188.869	101.275	25.124	418.183	570.860

Haciendo abstracción de la gente de color, y contrayéndome solo a los blancos, aparece, que éstos en los dieciocho años de 1794 a 1812 adelantaron casi dos veces más que en los 285 anteriores; y que en los últimos veinticuatro, esto es, de 1812 a 1836, tuvieron un aumento mucho mayor que en los 303 que corrieron desde la conquista. Este resultado asombroso, sea cual fuere la causa por la que se quiera explicar, nos demuestra del modo más victorioso que la raza europea se puede propagar rápidamente en el archipiélago de las Antillas. Y antes de alejarme de Puerto Rico, observemos, aunque sea de paso, que siendo esta isla donde la población blanca ha crecido proporcionalmente más que en todas las otras, también es donde proporcionalmente los esclavos han aumentado menos.

Citaré, por último, un país situado al noroeste de Cuba, y cuyo clima es mucho peor que el de la más insalubre de las Antillas. La Luisiana ocupa un territorio muy bajo, expuesto a las frecuentes inundaciones del caudaloso Misisipi, y en muchas partes siempre cubierto de aguas estancadas y corrompidas. En medio de estos parajes que exhalan la muerte, reina endémicamente la fiebre amarilla, y su capital Nueva Orleáns experimenta sus estragos en ciertos meses del año. La primera colonia europea establecida en la Luisiana, fue en la primera mitad del siglo XVII; y desde entonces al año de 1800, los blancos no llegaron sino a 18.850. ¿Y tan escasa población se atribuirá a la insalubridad del clima? Los hechos responden que no. Los Estados Unidos compraron la Luisiana en 1803, y a los siete años, o sea, en 1810, ya la población blanca casi había duplicado, pues ascendió a 34.311 En 1830, ésta llegó a 89.441; en 1840, a 158.457; y la ciudad de Nueva Orleáns, que al principio del siglo contaba un cortísimo número de habitantes, ya en 1840 tuvo 102.193. Es pues inconcuso, que la marcha, ora lenta, ora rápida de la población blanca de la Luisiana no ha dependido del clima, sino de causas puramente políticas y económicas.

De los datos hasta aquí presentados, y del estudio imparcial de la historia del archipiélago americano aparecen dos grandes verdades: una, que la población blanca de las Antillas extranjeras ha sido mayor en tiempos anteriores que en nuestros días; otra, que mientras en ellas menguaba, en las españolas crecía. Pero ¿de dónde provienen tan contrarios resultados? Además de las causas particulares que ya tengo explicadas, existen otras generales, que es preciso exponer.

Si se exceptúa la Jamaica, todas las demás Antillas extranjeras son muy pequeñas. Cuando en tiempos pasados se fomentó en ellas la colonización, los europeos estaban seguros de encontrar tierras vacantes en que establecerse; pero después que todas fueron repartidas, o que las que quedaron, eran de mala calidad, necesariamente hubo de atajarse la corriente de la emigración. Es cierto que ésta, aun siendo mayor de lo que fue, pudo haber cesado más tarde; pero el tráfico de esclavos plantando negros en aquellas tierras, quitó a los europeos el puesto que hubieran podido ocupar. Por otra parte, las destinadas a la agricultura desde el primer siglo de la colonización, tiempo ha que están muy cansadas, o al menos la ciencia de los que las labran, es incapaz de fertilizarlas incesantemente; y no habiendo otras en que renovar los cultivos con ventaja, la población blanca ha debido encontrar en su progreso obstáculos poderosos. No así en Cuba y Puerto Rico. Ambas tienen, y sobre todo la primera, una vasta superficie, que excede, incluida Haití, al conjunto de todas las Antillas extranjeras. Sus terrenos son fertilísimos; la mayor parte de ellos están esperando todavía el primer golpe de la mano del labrador, y todo el que quiera dedicarse a la agricultura, puede hacerlo con tanta facilidad como provecho.

También debe considerarse la posición respectiva de las metrópolis europeas. Francia, además de los puntos que ocupa en África y en Asia, posee la Guayana en el continente de América; ha conquistado a sus puertas todo el territorio de Argel, y aun empieza a dominar algunas islas del mar Pacífico. La Gran Bretaña, no cabiendo en el estrecho recinto dentro del cual la encerró la naturaleza, se ha extendido con una fuerza prodigiosa, llevando su poder y su civilización hasta los confines de la tierra. Dilatada la esfera colonial de estas dos grandes naciones, los franceses y los ingleses en vez de correr hacia las Antillas, se han desviado de ellas, esparciéndose por anchos y nuevos canales. Otra ha sido la suerte de España. Señora un tiempo de las más vastas y opulentas colonias del mundo, sus hijos se derramaban por las inmensas regiones de América; mas, habiéndose éstas separado de su metrópoli, las dos Antillas que siempre se han mantenido fieles, no solo sirvieron de refugio a muchos españoles, que abandonaron aquel continente, sino que desde entonces se ha reconcentrado en ellas gran parte de la emigración de España. Finalmente, hay todavía otra razón de más alta trascendencia.

En general, los europeos que han pasado a las Antillas extranjeras, no han tenido otro objeto que adquirir fortuna, para volver a Europa a gozar de ella. Considerándose siempre como transeúntes, han huido al matrimonio; y cegada, por una parte, la fuente más legítima, al par que más fecunda de la reproducción humana, y existiendo, por otra, una constante emigración, es imposible que la raza blanca haya podido prosperar. Al contrario en Cuba y Puerto Rico. Muchos de los europeos que a ellas van, se casan, se arraigan, y puede decirse con mucha verdad, que son pocos los que después de haberse enriquecido, o ganado una cómoda subsistencia, vuelven a pasar los mares en pos de la antigua patria.

Si el número a que llegó en otros tiempos la población blanca de las Antillas extranjeras, si la disminución que éstas han experimentado después, y si el aumento constante que aquélla ha tenido en las españolas, se han de explicar por la influencia del clima, forzoso es caer en dos absurdas consecuencias. La primera, que mientras el clima de todas las Antillas es contrario a la raza blanca, solo le es favorable el de Cuba y Puerto Rico, puesto que en estas dos es donde únicamente ha hecho progresos considerables. La segunda, que hubo un tiempo en que el clima de todas las Antillas extranjeras fue benéfico a la raza blanca, pues que la dejó crecer, y otro en que le fue maléfico, pues que la ha hecho menguar. A estos errores, o mejor dicho imposibles, nos arrastra la teoría de los climas, cuando se quiere aplicar a las oscilaciones de la población blanca en el archipiélago americano. Acabemos, pues, de desengañarnos, y reconozcamos de una vez, que el clima cubano no se opone a la introducción de hombres blancos, ni menos a que éstos se ocupen en los trabajos de los ingenios. Cuba encierra en su seno tesoros envidiables, y sus campos vírgenes llaman a todas horas al colono industrioso; pero el contrabando africano le ahuyenta de nuestras playas, llevándole a fecundar con el sudor de su frente otros países americanos, o forzándole a morirse de miseria en la excesivamente poblada Europa.

Ciérrense para siempre las puertas a todos los negros: ábranse libremente a todos los blancos; y Cuba tendrá en recompensa una prosperidad duradera, y España, la gloria de poseer una de las más brillantes colonias a que puede aspirar metrópoli europea.

3.º Carestía de los jornales

De cuantos motivos se alegan para continuar el contrabando africano, éste es el único que tiene alguna apariencia de verdad; y no vacilo en confesar francamente, que al bajo precio en que se venden en Cuba los esclavos introducidos de África, el hacendado saca más provecho del trabajo de ellos que del de libres jornales. Pero en la crisis a que han llegado las cosas, ¿se funda acaso ese provecho en una base firme y permanente? ¿No es por el contrario un bien fugaz y engañoso, una ilusión fatal, que sorprendiendo los sentidos, desconcierta la razón, y no la deja percibir sus verdaderos intereses? ¿Quién será el hombre sensato, que prefiera ganar hoy diez, para perder mañana toda su fortuna, y aun su vida y la de su familia, a contentarse con una ganancia menor, pero del todo segura, y por lo mismo trasmisible a su posteridad? Aun sin fijar la vista en el porvenir, y contrayendo la cuestión a solo el pecuniario interés del momento, yo demostraré que a pesar de la carestía de los jornales en Cuba, bien puede continuarse ventajosamente la elaboración del azúcar.

1.° En la sola enunciación de las palabras carestía de jornales se descubre un sofisma que alucina, pues se toma como origen lo que no es sino efecto de los daños que produce el comercio de negros. ¿Por qué son caros en Cuba los jornales de los labradores? Porque hay pocos que se dedican al cultivo de los campos en clase de jornaleros. ¿Y de dónde proviene que haya pocos? Proviene de que no habiéndose necesitado nunca por estar previstos de esclavos todos los ingenios y cafetales, las personas libres que hubieran podido hallar ocupación en ellos, han tenido que emplearse en tareas de otra clase. Luego, la carestía de los jornales nace de la escasez de jornaleros; y la de éstos, de la introducción de esclavos africanos destinados al cultivo de los campos; luego, mientras continúe el comercio de negros, continuarán también los mismos inconvenientes; y si se desea removerlos, es menester atacar el mal en su raíz. Los hechos vienen en apoyo de este raciocinio. En Puerto Príncipe de la isla de Cuba bajaron en 1841 los salarios de los labradores blancos, con solo haber llegado de Cataluña 200 colonos; y alquilábanse en aquella ciudad y en los campos de su jurisdicción hasta por 6 y 7 pesos al mes.

2.° De que los jornaleros de brazos libres sean algo más caros que el servicio de los esclavos, no se infiere absolutamente que sin ellos ya no se puede hacer azúcar. Para esto debería probarse, que los jornales son tan crecidos, que necesariamente han de arruinar al hacendado; y mientras no se suministre esta prueba, la cuestión cambia de naturaleza, viniendo a quedar reducida, no a la ruina inevitable del hacendado, sino a la mayor o menor utilidad pecuniaria que momentáneamente sacará según que emplee, ya esclavos, ya jornaleros.

3.° Cuando se trata de decidir si alguna empresa es útil o gravosa, no basta atender a uno solo de sus elementos: es preciso, además, que se pesen todas las circunstancias que puedan influir, bien sea de un modo favorable, bien contrario. Los hacendados, que para calcular la utilidad de los ingenios solo toman en cuenta el valor de los jornales, parten de un principio equivocado, pues se figuran que, porque éstos no sean baratos, ya no se podrá encontrar en ninguno de los otros elementos de la producción ahorro alguno que compense su carestía. Afortunadamente hay en Cuba muchos medios a que se puede recurrir para balancear esta causa; causa que no se debe considerar como constante, sino meramente transitoria, pues que con la afluencia de colonos se restablecerá muy pronto el equilibrio, y las cosas tomarán una marcha más sentada.

Los siguientes son algunos de los arbitrios que se pueden adoptar.

Aligérense, o del todo suprímanse los impuestos que gravitan sobre el azúcar y otros frutos cubanos.

Exímanse de toda contribución ciertos artículos de que el hacendado se sirve para el consumo de sus operarios.

Extiéndase igual protección a todas las máquinas e instrumentos que se puedan emplear en la agricultura, y en la elaboración del azúcar.

Simplifíquense, y perfecciónense las operaciones agrícolas e industriales de los ingenios, ya introduciendo máquinas, que reemplacen el trabajo de tantos negros como hoy se emplean, ya mejorando la calidad del fruto, ya aprovechando los desperdicios de que sabe sacar partido un buen sistema de economía.

Facilítense, en fin, los medios de comunicación, no solo construyendo caminos en toda la Isla, sino rompiendo las trabas que impiden la libre navegación de sus costas. Si en Cuba hubiera caminos, ¡cuán diferente no sería la suerte de sus hacendados! ¡Cuánto no ahorrarían en el porte de sus frutos a los puntos de su embarque! Antes de la construcción del ferrocarril de La Habana a Güines, cuya distancia es de 12 leguas, los amos de los ingenios situados en aquel partido pagaban por la conducción de cada caja de azúcar a la capital 3½ pesos fuertes, y a veces más. Si un ingenio fabricaba 2.000 cajas, el porte de éstas podría costar de 7 a 8.000 pesos; mas ahora, con el camino de hierro se pueden ahorrar de 5 a 6.000, cantidad bastante para mantener con mucha decencia una familia respetable.

Estas ideas se corroboran, observando lo que pasa en otros países, donde, aunque no se hace azúcar por jornaleros, sino por esclavos, el precio de éstos es tan subido que excede en mucho al importe de aquéllos. En los ingenios de la Luisiana solamente se emplean esclavos, y su valor es tan alto, que sobrepuja al de los de Cuba en el triplo, y aún más.[21] Pues a pesar de esto; a pesar de que el clima mata la caña, y que es preciso resembrarla anualmente; a pesar de su escaso rendimiento y de la mala calidad del azúcar; todavía ésta ha

21 De 1844 a 1858, el valor de los esclavos ha más que duplicado en La Habana; y, por consiguiente, el salario de los que se alquilan para las tareas del campo, ha crecido extraordinariamente.

podido, no por otra razón, sino por la facilidad de las comunicaciones, y por la protección que aquel gobierno supo dispensarle. Hágase otro tanto en Cuba, y sus ingenios subsistirán, sean cuales fueren los brazos que los sirvan.

Compensación de la carestía de jornales que se encuentra también en ciertas ventajas que ofrece el servicio de colonos blancos, y que en vano se buscarían en el de esclavos.

1.ª La mayor inteligencia de aquéllos, y el mayor interés con que trabajan, les dan gran preponderancia sobre los esclavos africanos.

2.ª Cuando una hacienda está servida por libres, si alguno de éstos adquiere vicios, contrae alguna lesión, o se vuelve perezoso en el trabajo, el hacendado puede despedirle, reemplazándole con brazos útiles, o dejarle en su finca, haciendo un nuevo ajuste que le sea menos gravoso.

Pero cuando los labradores son esclavos, el amo está condenado a sufrir los mismos gastos, sin poder disfrutar de los mismos servicios.

3.ª La indolencia, y a veces la perversidad de los esclavos, es causa de muchos quebrantos en un ingenio. El animal que se suelta, y estropea el sembrado, el caballo que se pasma, el buey que se desnuca, la chispa que salta y quema el cañaveral, o incendia todo el ingenio, son males que acaecerán con menos frecuencia, cuando las haciendas no estén entregadas a salvajes africanos. En estos últimos meses se ha visto en el ingenio San Francisco, de Hernández, situado en la jurisdicción de Matanzas, que los negros, en vez de apagar el fuego que se había prendido, lo fomentaban, corriendo de un cañaveral a otro con haces encendidos de hojas secas de caña. Todo el ingenio, menos la casa de purga, fue devorado por las llamas.

4.ª Con la fidelidad y responsabilidad personal de los colonos blancos se evitarán robos de azúcar y de víveres, que en un ingenio grande equivalen al año a centenares, y aun a millares de pesos.

5.ª Las enfermedades, fugas, capturas, bautismos, matrimonios y entierros son gastos que recaen sobre el amo de los esclavos, y que, en una hacienda de 100 negros, bien pueden calcularse por lo bajo de 500 a 600 pesos. Nada tendrá que pagar el hacendado, el día que emplee labradores libres.

6.ª Las sublevaciones de los esclavos llevan consigo pérdidas que no afectan al que se sirve de libres. El número de negros que perecen en la contienda, y los gastos del procedimiento judicial, o las gratificaciones para impedirlo, son cargas que gravitan sobre el amo de los esclavos.

Con la reciente conspiración, la pérdida de cada hacienda en la jurisdicción de Matanzas se puede calcular en tres negros por término medio.

Los severos castigos han inutilizado a muchos; y los grillos y la maza que se han impuesto a otros, ya por sentencia judicial, ya por voluntad de sus amos, privan a éstos de su trabajo.

7.ª Por miedo al tráfico y a sus consecuencias, ¿no se han resentido considerablemente todas las haciendas, y señaladamente los ingenios y cafetales? ¿Y cuál no sería el valor a que subirían, si, en vez de esclavos, estuviesen servidas por brazos libres? ¿No hay muchos hacendados que tienen fondos en los bancos extranjeros? ¿No es verdad que esos capitales les rinden un interés muy bajo, respecto del que les producirían en Cuba? ¿No han perdido algunos millones de pesos con las quiebras de los bancos de los Estados Unidos de Norteamérica? Y todo esto, ¿no es un grave quebranto, que están sufriendo por el fundado temor que les infunde la continuación del tráfico de negros? Yo ruego a los hacendados, que fijen la mente en estas consideraciones, y que, cuando computen el gasto que les ocasionan sus esclavos, nunca olviden aquellas pérdidas, ni el costoso seguro que están pagando a los países extranjeros.

Yo estoy tan íntimamente penetrado de los inmensos beneficios que ha de producir a Cuba la abolición del tráfico africano, que lejos de temer que con ella mengüen nuestros frutos, firmemente creo que aumentarán.

Cerrada que sea la puerta a la introducción de esclavos, los colonos que vayan a Cuba, si se les deja, como siempre debe dejárseles, la libre facultad de aplicarse a lo que quieran, se dedicarán a la profesión que más ventajas les ofrezca. Pero entre tantas como Cuba presenta, la agricultura se llevará la preferencia, pues a ella convida la fertilidad de sus campos, y el premio con que paga las fatigas del labrador industrioso. Inculta yace todavía la mayor y mejor porción de las tierras cubanas: sus propietarios, imbuidos hasta aquí en el error de que sin negros no se pueden cultivar, y careciendo muchos de medios para comprarlos, ningún beneficio sacan de ellas. Con otro sistema de agricultura, estos propietarios no esperarían que África les enviase sus míseros labradores: pedirían los suyos a la culta Europa, a la América y al Asia; y con muy corto capital, y a veces sin ninguno, podrían destinar sus campos improductivos a las más pingües cosechas. No faltarán entonces, si conocen que les conviene, quienes den algunas suertes al cultivo de la caña; y ora hagan azúcar en grande, ora en pequeña cantidad, no por eso será menos cierto el provecho personal que saquen, y el público beneficio que dejen. Hay en Cuba, por desgracia, una prevención general contra la elaboración del azúcar en pequeño. Acostumbrados a ver grandes ingenios, parece a muchos que sin ellos ya no será posible fabricarla; pero en la India, en la China, y en otras partes del Asia, la caña se ha cultivado y cultiva en pequeño, y el azúcar se hace también en pequeño. En grande y en pequeño se elabora también en las colonias francesas. Martinica tiene para 60 ingenios grandes 335 muy pequeños.

Mayor es el número de éstos en Guadalupe, y mucho mayor todavía en Borbón. Esta isla contaba en 1838, según un estado presentado al gobernador de ella por el consejo colonial, los ingenios siguientes:

De 400 a 500 esclavos	3
De 300 a 400 —	4
De 200 a 300 —	31
De 100 a 200 —	17
De 50 a 100 —	141
De 20 a 50 —	462
De 10 a 20 —	688
De 1 a 10 —	4.063
Total	5.409

En Puerto Rico también se fabrica en grande y en pequeño. Y Cuba misma, sin salir de su recinto, nos ofrece la demostración más patente.

¿Cuál fue el origen del azúcar? ¿Cuántos negros hubo en los primeros ingenios de La Habana y Matanzas? Con ocho, con seis, y aun con menos, así empezaron esas haciendas, y sirvieron de modelo a las colosales que hoy se admiran. Y si nos paseamos por el interior de la Isla, encontraremos hoy mismo en Puerto Príncipe, Bayamo y otros puntos, muchos hacendados que con cinco o seis negros, no solo hacen azúcar, sino que al mismo tiempo destinan sus tierras a varias culturas y al pasto de ganado. ¿Por qué, pues, no se ha de poder reducir todavía a una esfera más estrecha la siembra de la caña, y la elaboración del azúcar? ¿No lo está entre nosotros la del tabaco, y la de otras muchas semillas? Lejos de haber inconvenientes, se obtendrán grandes ventajas, porque cultivándose las tierras con más economía y esmero, rendirán más utilidad.

El labrador, sin ocuparse exclusivamente en la caña, podrá dedicarse a otros cultivos; y no dependiendo su fortuna de una sola granjería, hallará en los otros frutos una compensación de las pérdidas que el envilecido precio del azúcar pudiera ocasionar. No se diga, pues, por más tiempo que, para hacer mucha azúcar, es menester trabajarla en grande.

Haya muchos que se empleen en ella, y no importa que estén reunidos o separados.

Cuando abogo por la producción del azúcar en pequeño, no es porque yo tema que sin esclavos no se haga en grande. Creo, por el contrario, que habrá propietarios que a ella se dedicarán, bien sea pagando jornales, bien limitándose a construir las fábricas y máquinas necesarias para su elaboración, y dejando a colonos el cuidado de cultivar la caña de su cuenta. Este último sistema se sigue en varios países, y casos habrá en que sea entre nosotros preferible al primero; porque dividida la tierra en pequeñas suertes, la cultura será más perfecta: si el año es malo, ahorrará el hacendado los jornales, que de otra manera pagaría; y como el interés del colono no está limitado por un salario fijo, se empeñará en cultivar mejor para que la caña rinda más, pues que este rendimiento será la medida de sus ganancias.

Así es como las colonias que Holanda tiene en Asia, han prosperado rápidamente, en estos últimos años. Oigamos lo que dice un hombre digno de fe:[22]

> En Batavia, donde los propietarios son ricos, y han hecho establecimientos considerables, las propiedades que se componen de 300 acres y aún más, están arrendadas por chinos que residen allí. Éstos subdividen las propiedades en suertes de 50 o 60 acres, y las subarriendan a trabajadores libres bajo la condición de sembrarlas de caña; los cuales reciben una cantidad determinada por cada *pecul* de azúcar que producen. De este modo, el arrendador sabe con certeza lo que le costará cada *pecul*; no necesita de inquietarse pensando en el trabajo que otros han de hacer; y cuando la caña está en sazón, operarios empleados al efecto vienen a cortarla y a conducirla al molino o trapiche. Entonces no quedan en la hacienda, durante siete meses del año, sino los labradores que preparan la cosecha siguiente.

En la isla de Java también están separadas las funciones de agricultor y de fabricante. Cultívase allí casi toda la caña de cuenta del gobierno holandés,[23] quien la da a los fabricantes para que la muelan; y éstos, por un precio moderado, le entregan después el azúcar elaborada.

Porter refiere también lo que sucede en las Indias orientales.

22 Porter: *On the culture of sugar cane.*

23 No pertenece al gobierno el cultivo de la caña, ni tampoco la propiedad del azúcar, en las tierras libres repartidas por los ingleses durante su dominación en aquella isla. Los príncipes indígenas que no han sido depuestos, también conservan el derecho de cultivar caña, hacer azúcar y venderla libremente. Java, Sungapore et Manille, par Maurice d'Argout, París, 1842.

A veces, dice, el fabricante compra directamente las cañas al labrador; otras, éste recibe por ellas, según el convenio que hace, una parte del producto.

Ésta es de dos tercios, si el labrador lleva la caña al molino; pero si su porte es de cuenta del fabricante, entonces solo se le da la mitad. Hay casos en que el labrador recibe una parte de los productos accesorios, el ron por ejemplo; pero esto no es lo común: semejantes pormenores son objeto de convenios particulares.

En las provincias de Málaga y Granada, las fábricas y los molinos no pertenecen a los que cultivan la caña. Del azúcar que se hace, se paga al fabricante la mitad en unas partes, y en otras una porción diferente. Por lo menos, así era, cuando en 1835 viajé por aquellos puntos de España.

Aunque en las colonias francesas, lo mismo que en Cuba, las funciones de agricultor y fabricante están reunidas bajo una sola mano, hay, sin embargo, casos en que, si un hacendado francés no puede acabar su cosecha por cualquier accidente, lleva el resto de la caña al ingenio de su vecino, quien la muele por la mitad del producto. Lo mismo hacen algunos hacendados hortelanos (habitants viviers; en Cuba sitieros) que cosechan caña, pues muelen en el ingenio más inmediato la porción que les queda, dando la mitad del azúcar elaborada.[24]

Finalmente, en las Antillas inglesas empieza ya a introducirse este sistema; y en Santa Lucía está ya establecido. Una de las ventajas que produce, es el ahorro de capitales en la elaboración del azúcar. La comisión nombrada por el Gobierno francés para examinar las cuestiones relativas a la esclavitud y a la constitución política de sus colonias, se

24 *Question coloniale sous le rapport industriel*, por Paul Daubré, París, 1841.

expresa en los términos siguientes por el órgano respetable del duque de Broglie, su digno presidente, y autor del informe presentado a aquel gobierno en marzo de 1843.

En efecto, si debemos atenernos a los hombres de la profesión, a los hombres experimentados en semejantes materias, ilustrados por los inmensos progresos que ha hecho entre nosotros la industria del azúcar indígena (de remolacha), una fábrica bien montada, cuyos edificios son de un tamaño regular, y las máquinas de una fuerza media, puede elaborar fácilmente cada año de 1 a 2 millones de kilogramos de azúcar. La Martinica fabrica anualmente casi 24 millones, y la Guadalupe casi 37. Veinte fábricas, pues, bien montadas, bastarían cumplidamente a la Martinica, y 30 a la Guadalupe. La primera tiene hoy 494 ingenios y la Guadalupe 518: en otros términos, existen en cada colonia tantas fábricas, cuantas son las heredades en que se cultiva caña. Desde luego salta a la vista la considerable pérdida que debe causar semejante estado de cosas. ¡Qué cuantiosa suma de capital fijo debe hallarse absorbido inútilmente en terrenos, edificios, máquinas, y aparatos de toda especie! ¡Qué enorme cantidad de capital circulante debe hallarse inútilmente disipada cada año en reparación, en conservación, en salarios personales, y en gastos generales de toda clase! ¡Qué enorme cantidad de trabajo humano en cada hacienda debe sustraer inútilmente la fabricación a la labranza! —Renuncien pues en fin los hacendados a este sistema ruinoso y añejo; entiéndanse entre sí, asóciense en grupos de 20, 30, 40, más o menos, reúnan su crédito y sus capitales para sustituir a esa muchedumbre de fábricas dispendiosas y mezquinas, de trenes anticuados, en que todavía hoy hacen el azúcar como se hacía 150 años ha, un corto número de fábricas bien situadas, bien construidas,

> provistas de todos los aparatos que la ciencia ha inventado, y la industria ha perfeccionado.
>
> Para esto bastará una reunión de capitales que no exceda de algunos millones (de francos) en cada colonia.

El autor del informe, cuyas palabras he transcrito, dice que si los hacendados de las colonias francesas, para instalar las nuevas fábricas, y dirigir la elaboración del azúcar según el método que hoy se emplea, mandan buscar a Europa algunos centenares de buenos obreros, de obreros inteligentes en la fabricación del azúcar de remolacha, no solo podrán restituir al cultivo los vastos terrenos ocupados por edificios inútiles, sino que ahorrarán anualmente más de la mitad de los gastos que hoy hacen improductivamente, y que obtendrán de la caña un rendimiento doble del que hoy consiguen.

Aunque la perspectiva no sea tan risueña para los hacendados de Cuba, porque no se hallan en tan tristes circunstancias, pueden, sin embargo, alcanzar grandes ventajas, y muchas más todavía, los que en lo sucesivo se dediquen a la granjería del azúcar, pues que no han hecho los gastos que hoy gravitan sobre los actuales amos de ingenios.

Aquí pudiera levantar la mano, y cerrar la primera parte de este papel; pero no debo proseguir, sin antes desvanecer ciertas dudas y temores que pudieran asaltar a algunos que, deslumbrados con lo que pasa en las colonias inglesas, teman ligeramente iguales consecuencias entre nosotros, si se pone término a la trata. Un momento de reflexión bastará para disipar estos temores y tranquilizar los ánimos atribulados.

En aquellas colonias, la ley de emancipación ha introducido una novedad esencial, y cambiado enteramente la posición de los hacendados; mas, en Cuba, como que no se trata de EMANCIPAR LOS ESCLAVOS, SINO SOLO DE ABO-

LIR EL CONTRABANDO AFRICANO, es inconcuso, que no se pueden aplicar a ella los mismos resultados. En las colonias inglesas, las tierras no son tan fértiles como en Cuba, y siendo muy desiguales los productos, las circunstancias en que el hacendado inglés se pierde, el cubano se enriquece. Lo que sí debe llamar fuertemente la atención, es que todas las dificultades con que ahora lucha el colono británico, son efecto de la ley de emancipación, o mejor dicho, de la precipitación con que se dictó, pues no se tomaron medidas que asegurasen, o los mismos brazos que hasta entonces se habían empleado, u otros nuevamente introducidos.

De aquí nació, que en muchas islas los negros abandonaron a millares las haciendas, para establecerse en las ciudades, o trabajar de su cuenta en tierras que compraron muy baratas. La escasez repentina de brazos produjo la carestía repentina de salarios, y esta carestía, las consecuencias que hoy se deploran. Pero las islas donde no hubo ese trastorno, ni esa dislocación de brazos de los campos a los pueblos, ésas han seguido una marcha firme, y aun aumentado sus productos.

En Antigua, la producción de azúcar de 1827 y 1833, últimos siete años de esclavitud, ascendió a 1.009.851 quintales; mas, en los siete primeros de completa libertad, esto es, de 1834 a 1840, llegó a 1.258.750.

En las Barbados también se ha fabricado más azúcar después de la emancipación que antes de ella. La isla Mauricio exportó en los ocho últimos años de esclavitud, contados desde 1826 a 1833, la cantidad de 158.677.040 kilogramos de azúcar, y en los ocho primeros de libertad, a saber desde 1834 a 1841, 234.008.207 kilogramos. Verdad es que entraron bastantes colonos en este período; pero el aumento de azúcar no ha sido proporcional a su número, y aun cuando lo hubiese sido, esto siempre probaría que la emancipación no ha sido funesta en Mauricio. Y si tal es el próspero resultado que nos presentan algunas de las colonias inglesas que han pasado por la prueba difícil de la emancipación, ¿cuál no será el de Cuba, que se halla en pleno goce de todos sus esclavos?

Éste es el punto cardinal de la cuestión, y encerrándome dentro de sus límites, probaré, que en las colonias inglesas y francesas se hizo más azúcar después de la abolición del TRÁFICO DE NEGROS que antes de ella.

El gobierno inglés prohibió el comercio de esclavos de África en 1807; y sus colonias de las Indias occidentales exportaron en los seis años anteriores las siguientes cantidades de azúcar:

Años	Kilogramos
1801	208.838.784
1802	230.712.160
1803	163.822.400
1804	165.681.040
1805	163.646.280
1806	205.690.072
Total	1.138.390.736,25[25]

Después de abolido el tráfico, continuaron los colonos ingleses en la posesión de sus esclavos hasta el año de 1834. Veamos ahora el azúcar que exportaron en los tres sexenios;

25 Este estado, que se sacó de los registros de la aduana de Londres, se halla en el *Rapport sur les questions coloniales*, por Jules Lechevalier, impreso en la imprenta real de París en folio imperial, por orden del Ministro de Marina y Colonias de Francia.

o sea, en los dieciocho años que precedieron a la emancipación.

Años	Kilogramos	Años	Kilogramos	Años	Kilogramos
1817	186.837.495	1823	191.619.752	1829	210.879.946
1818	191.713.746	1824	199.821.941	1830	198.715.749
1819	198.405.128	1825	177.795.049	1831	208.388.222
1820	191.413.077	1826	203.243.193	1832	192.163.961
1821	198.395.784	1827	180.315.616	1833	185.631.977
1822	174.432.398	1828	219.035.975	1834	195.210.711
	1.141.197.628		1.171.831.526		1.190.990.566,26[26]

Aparece, pues, de estos estados que las colonias de la América inglesa, a pesar de no haber recibido esclavos de ningún país del mundo, ni colonos de ninguna especie, aumentaron la producción de azúcar con solo el trabajo de los negros que les quedaron después de abolido el tráfico.

Si de las colonias británicas pasamos a las francesas, cuales son la Martinica, Guadalupe y sus dependencias, Guayana y Borbón, encontramos un resultado igualmente satisfactorio. La trata clandestina no cesó en ella hasta 1832; y comparando la exportación de su azúcar, en los siete años anteriores, con los siete que siguieron, se obtiene la prueba más concluyente.

Años	Kilogramos	Años	Kilogramos
1825	53.616.523	1832	77.307.799
1826	73.266.291	1833	75.597.243

26 Este estado se publicó por orden del Parlamento, y se insertó, haciendo la reducción de quintales a kilogramos, en el informe citado del duque de Broglie.

1827	65.828.406	1834	83.049.141
1828	78.474.978	1835	84.249.890
1829	80.996.914	1836	79.326.022
1830	78.675.558	1837	66.535.563
1831	87.872.404	1838	86.992.808
	518.731.074		553.058.466[27]

Queda, pues, demostrado, que las colonias francesas hicieron en el segundo septenio de 1832 a 1838, 34.327.392 kilogramos más que en el primer septenio de 1825 a 1831, en que aún se introducían negros de África.[28]

Pero supóngase que sin la introducción de nuevos esclavos africanos no sea posible sembrar caña ni en grande ni en pequeño. Dos consecuencias resultarán de aquí: una, que no por eso se atrasará la agricultura cubana, pues se emprenderán nuevos cultivos, y se extenderán y perfeccionarán los ya establecidos. Además, en el estado de abatimiento en que se halla el precio del azúcar, y en la rápida extensión que este ramo está tomando en el Asia y otros países, no es acertado continuar en Cuba como hasta aquí, lanzándose a ciegas en la construcción de tantos y tan costosos ingenios. La prudencia aconseja que se haga una pausa para dar tiempo a que aclare el horizonte, dedicándose a otros cultivos, que sin

27 *Notices statistiques sur les colonies françaises, imprimées par ordre du Ministre de la Marine et des Colonies.* Appendix a la 4.° partie, París, 1840.

28 Las mismas colonias francesas exportaron:

En 1839	87.664.893 kilogramos
1840	75.543.696
1841	85.850,82

necesitar de tan considerables capitales, dejen un provecho mayor y más seguro.

La otra consecuencia es, que la abolición del tráfico, lejos de perjudicar a los actuales hacendados, debe serles favorable. Favorable, digo; porque no tratándose de privarles de sus esclavos, continuarán con sus ingenios, mientras a los demás habitantes se les impida hacer otros nuevos.

De esta manera, siendo ellos solos los que pueden producir azúcar, pues que, según su falsa creencia, no se puede hacer sin esclavos, se establece, por decirlo así, un monopolio en su favor, cuyo efecto necesario ha de ser el alzamiento del precio de aquel fruto: y tanto más alto será, cuanto este monopolio no se circunscribe a la isla de Cuba, sino que se extiende a todas las colonias inglesas; porque si es verdad que en las Antillas no se puede hacer azúcar sin esclavos africanos, abolida ya la esclavitud en las británicas, y estando para abolirse en las francesas, claro es que quedará un vacío enorme en la producción del azúcar; vacío que llenarán en parte los actuales hacendados de Cuba, sacando grandísimo provecho. Aun les resultará otra ventaja, y es que, cesando el contrabando africano, los esclavos existentes adquirirán una estimación considerable; y el hacendado que haya empleado en ellos 20.000 pesos, por ejemplo, dentro de muy poco tiempo verá duplicar y aun triplicar su valor. Así ha sucedido en la Luisiana, donde hay esclavos que se venden hasta en 2 y 3.000 pesos.

Pero te engañas, replicarán: dentro de breves años perecerán nuestros esclavos, y nuestra ruina es inevitable. ¡Vanos temores! La historia de lo que no ha pasado en los países donde hace mucho tiempo que se prohibió el comercio africano, y donde las leyes han sido observadas sobre este particular, debe infundir aliento a nuestros temerosos compatriotas.

Abriendo esa historia, sus páginas nos descubren una verdad importante. Ésta es, que si en unas partes ha disminuido la población esclava, en otras ha aumentado; y que esta misma disminución ha sido tan pequeña, y tan dependiente de causas que hubieran podido evitarse, que no hay riesgo que comprometa la fortuna del hacendado.

Disminución general de los esclavos en las colonias inglesas de América

Muy importante sería saber el número de esclavos que éstas tenían al tiempo de la abolición del tráfico, pues comparando entonces los estados de aquella época con los posteriores, se formaría un cuadro completo. Pero no existiendo tan preciosos documentos, me reduciré a establecer una comparación entre los primeros censos que se hicieron después de abolido el tráfico, y los últimos que se publicaron antes de la emancipación.

Colonias	Años	Esclavos	Años	Esclavos
Antigua	1817	32.269	1831	29.537
Barbados	1817	77.493	1832	81.500
Bermudas	1822	5.242	1831	3.915
Berbice	1818	24.549	1831	20.645
Demerara y Esequibo	1817	77.867	1829	69.467
Dominica	1817	17.959	1831	14.232
Granada	1817	28.029	1831	23.604
Jamaica	1808	323.827	1829	322.421
Monserrate	1817	6.610	1828	6.262
Nieves	1817	9.602	1831	9.142
San Cristóbal	1817	20.168	1831	19.085

Santa Lucía	1815	16.285	1831	13.348
San Vicente	1817	25.218	1831	22.997
Tabago	1819	15.470	1832	12.091
Trinidad	1808	21.985	1831	21.302
Las Vírgenes	1818	6.899	1828	5.399
Bahamas	1822	10.888	1831	9.705
		720.360		684.652

Esta tabla indica una disminución de 35.708 esclavos. Mas, ¿deberá considerarse como el exponente verdadero de la mortandad? Para no caer en graves errores, es preciso rebajar el número de libertos que ha habido entre las dos épocas; pues es innegable que, no habiendo perecido, sino pasado a otra clase, no pueden contarse en el número de esclavos muertos.

Nada diré de los libertos que hubo en Jamaica desde 1808 hasta 1817, y en la isla de Trinidad desde el mismo año de 1808 hasta 1815, porque no he podido encontrar ningún dato ni noticia; y aunque pudiera calcular aproximadamente este número, prescindiré de ellos, pues de este modo se conocerá mejor cuán distante estoy de incurrir en exageraciones. Contrayéndome, pues, a los años posteriores, esto es, empezando a contar desde 1815 para unas colonias, y desde 1817 para otras, y sin pasar nunca de 1832, resulta que hubo 19.582 libertos. Rebajándolos del total 720.360, quedan 700.778, cuya cantidad, comparada con la de 684.652, da una diferencia de 16.126, que es el exponente verdadero de la mortandad. He dicho que los esclavos ascendieron según los primeros censos a 20.360; y como la mortandad que hubo desde entonces hasta la formación de los últimos, fue de 16.126, aparece que la disminución solamente ha sido, en todo este intervalo, de 2,23 %, número que, si se prorratea entre cada uno de los diecisiete años transcurridos, viene a dar 13 centésimos, fracción insignificante en cálculos de esta especie.

Mas, por corta que sea esta disminución, aun pudo ser menor, o no haberla habido absolutamente, si todos los hacendados hubiesen puesto más empeño en la administración de sus heredades; pero entregándolas muchos al cuidado de administradores, y retirándose a vivir en Europa, los esclavos sufrieron lo que la presencia del amo no hubiera permitido.

Observaré también, que casi todas las colonias que han tenido más mortandad, son cabalmente aquellas donde se ha recargado a los esclavos de un trabajo excesivo. ¿No es verdad, que si se hubiera adoptado otro sistema, la disminución habría sido casi nula? ¿No hubieran podido aumentar también los esclavos? Cuando en algunas colonias ha sucedido así, no hay razón para negar que en las demás pudiera haber sucedido lo mismo.

Aumento que han tenido los esclavos en varias colonias, después de abolido el tráfico

Empezando por las francesas, dice una autoridad irrecusable:[29]

> La abolición de la trata, suprimiendo todo reclutamiento exterior, ha hecho mucho en favor de la población negra: ha sido preciso tratarla mejor, tener gran cuidado con las mujeres en cinta, y con los niños pequeños.

29 *Rapport fait au ministre de la marine et des colonies françaises par la commission instituée pour l'examen des questions relatives a l'esclavage*, pág. 131. París, 1843.

Así es que esta población, que hasta poco ha disminuía cada año casi un 3 %, hoy se mantiene naturalmente, y aun parece que ya empieza a aumentarse.

Entre las colonias británicas hubo algunas que, aunque en la apariencia tuvieron disminución, en realidad sucedió lo contrario. Cuando Inglaterra proscribió el tráfico en 1807, Jamaica contaba 319.351 esclavos. Mas, ¿a cuánto ascendió su número según los censos de 1829?

A 322.421, es decir que, en vez de haber disminuido en los veintidós años corridos, hubo aumento de más de 3.000 esclavos. Dirase que provendría de los que se introdujeron de África en todo el año de 1807, pues la prohibición no empezó a tener fuerza hasta 1808. Aun concediendo esto, siempre se obtiene un dato muy satisfactorio, porque habiendo llegado los esclavos en 1808 a 323.827, todavía en 1829 su número no bajó de 322.421, o lo que es lo mismo, su disminución en los veintiún años fue solamente de 1.406. Pero si se atiende a los que adquirieron la libertad durante ese período, y a los que fueron llevados a otras islas, entonces se llega a diferentes resultados. Yo no he podido averiguar a cuántos subió el número de unos y otros en los primeros nueve años de la abolición del tráfico; pero empezando a contar desde 1817 hasta 1829, aparece, que en estos doce años hubo 755 exportados y 6.030 libertos; o sea, un total de 6.785. Es pues claro, que la muerte por sí sola no fue bastante a menguar la población esclava, y que sin las manumisiones y exportaciones, habría llegado en 1829 a 329.206; esto es, a 5.379 más que en 1808.

De los censos de la isla de Dominica en 1817 y 1826, consta que en la primera época hubo 17.959, y en la segunda, 15.392. Esta diferencia no fue causada por la muerte, pues habiéndose libertado 400 esclavos en los nueve años transcurridos, y exportándose a otros países 2.182, estas dos cantidades reunidas a los 15.392 dan la suma de 17.974, suma a que habrían llegado los esclavos en 1826, a no haber sido por las manumisiones y exportaciones; y aunque de ellas se rebajen cuatro negros que fueron introducidos de otras islas en dichos nueve años, siempre queda para 1826 un total de 17.970; o sea, once esclavos más que en 1817.

En este mismo año contaba las Barbados 77.493 esclavos; mas, en 1829, ya se habían elevado a 81.902. Este aumento no puede atribuirse a las importaciones de otras colonias inglesas, puesto que en el intervalo de los doce años solamente se introdujeron 91 esclavos, y rebajados que sean, queda todavía un total de 81.811. Si a él se agregan los 1.400 libertos y los 248 exportados que hubo en aquellos doce años, resulta para 1829 la suma de 83.459; o sea, un aumento de 5.966.

Las islas de Bahamas tenían en 1825, 9.284 esclavos; mas, en 1831 llegaron a 9.705. Todo este aumento provino de la reproducción natural, pues los nacidos durante este tiempo excedieron en gran número a los muertos y libertos.

Los ingleses se apoderaron por segunda vez de cabo de Buena Esperanza en 1806, cuya colonia tenía entonces 29.119 esclavos. Cesó el tráfico, y su número se ha ido aumentando, en virtud de su propia reproducción.

En 1810 había 30.421, y en 1833 llegaron a 33.622, sin contar con los prófugos y libertos que hubo en todo ese intervalo.

A los Estados Unidos se les computaron en 1770, 480.000 esclavos; y los censos hechos después de la independencia prueban el rápido incremento que han tenido:

En	1790	697.897	En	1820	1.543.688
	1800	893.041		1830	2.009.043

1810	1.191.364	1840	2.847.355[30]

Aparece, pues, que el aumento de esclavos de

	1790 a 1800	fue	de 27,96 %
De	1800 a 1810		de 33,40 «
	1810 a 1820		de 29,57 «
	1820 a 1830		de 30,75 «
	1830 a 1840		de 23,81 «

Dirase, empero, que en Cuba, en vez de aumentar, los esclavos menguarán, y que su disminución no será tan pequeña como en algunas colonias inglesas, puesto que los sexos no se hallan en la debida proporción.

No negaré, que si estuviesen balanceados como en aquéllas, la reproducción sería mayor de lo que podrá ser; pero aun con esta desventaja, creo que si su número no se aumenta, puede muy bien conservarse. No es, por cierto, la desproporción de los sexos la que ha disminuido los esclavos en algunas colonias. El exceso de trabajo y la falta de cuidado, éstos son, si no los únicos, por lo menos los motivos principales de su mortandad. Por eso es que, examinando los estados de la población esclava, se encuentran algunas colonias en que habiendo más hembras que varones, los esclavos, sin embargo, han disminuido; y por el contrario, otras en que han aumentado, a pesar de haber menos hembras.

30 Acerca de la población de los Estados Unidos, véase la página 73 de este tomo.

Disminución de la población esclava con más hembras que varones; y aumento, con más varones que hembras

Cuando en las colonias francesas menguaba constantemente la población esclava, Martinica y Guadalupe tenían más hembras que varones.

Así consta del censo de 1835, con respecto a los esclavos de catorce a sesenta años.

	Varones	Hembras
Martinica	23.435	25.398
Guadalupe	30.018	31.482
Total	53.453	56.880

Acerca de la colonias inglesas, he formado la tabla siguiente:

	Años	Varones	Hembras	Total	Años	Total
Granada	1817	13.737	14.292	28.029	1831	23.604
Monserrate	1817	3.047	3.563	6.610	1828	6.262
Nieves	1817	4.685	4.917	9.602	1831	9.142
San Cristóbal	1817	9.685	10.483	20.168	1831	19.085
Santa Lucía	1815	7.394	8.891	16.285	1831	13.348
Bermudas	1822	2.620	2.622	5.242	1831	3.915
Tabago	1819	7.633	7.837	15.470	1832	12.091
Vírgenes	1818	3.231	3.668	6.899	1828	5.399
Antigua	1817	15.053	17.216	32.269	1831	29.537

Lo contrario ha sucedido en los Estados Unidos. En 1820, tenían 1.543 688 esclavos; a saber, 752.723 hembras, y 790.965 varones.

Mas, a pesar de la preponderancia de éstos, el total de esclavos en 1830 pasó de 2 millones, y hoy excede de 2 millones y medio.

En el cabo de Buena Esperanza, el número de varones siempre ha sido muy superior al de las hembras; pero esto no ha impedido que los esclavos hayan aumentado por la sola reproducción.

		Varones	Hembras	Total
En	1806 hubo	18.956	10.163	29.119
	1810	19.821	10.600	30.421
	1833	19.378	14.244	33.622

Aún hay colonias donde, a pesar de haber disminuido la totalidad de los esclavos, su número, sin embargo, creció en unas haciendas, mientras menguó en otras. Demerara, antes de la emancipación, ofrece casos muy particulares, y con ellos se prueba incontestablemente, que la mortandad de los esclavos procede, en gran parte, del modo con que se los trata. En las haciendas de crianza de ganado fue de un 2, y aun de 1½ %; en los cafetales de 3 1/10 %; en algunos ingenios, de 5½ %. Pero en los algodonales, en vez de disminuir, tuvieron un aumento de 1 1/16 %; siendo de notar, que mientras en estas últimas haciendas los varones excedían a las hembras en más de 5 %, en los ingenios las hembras excedían a los varones en la misma proporción. Demuéstrase, pues, como no es la preponderancia del sexo femenino la que aquí influyó en el incremento de los esclavos, porque cabalmente hubo disminución donde había más hembras, y aumento donde más varones. Ingenios hubo en aquella misma colonia, y tales son los del partido de Ana Regina, donde siendo el número de varones mayor que el de las hembras, los esclavos tuvieron en los años de 1829, 1830 y 1831, un aumento de 2 %.

Y sin andar buscando ejemplos extraños, la misma isla de Cuba nos da una lección importante. Haciendas de primer orden hay allí, y yo pudiera mentarlas, en las que, a pesar de la desproporción de los sexos, los esclavos han aumentado sin nuevas introducciones. En general, la mortandad anual de las haciendas es menos que en tiempo anteriores, pues los hacendados, entendiendo ya mejor sus intereses, están persuadidos de que el modo de producir mucho, es tratar bien a sus esclavos.

¿Qué habitante de la isla de Cuba no se alegra al contemplar el cambio feliz de la opinión, de algunos años a esta parte, y que a él debe atribuirse la grande diferencia que se toca entre la mortandad de hoy y la de los tiempos pasados? Y más grande podrá ser todavía, si se reflexiona que, recayendo casi todas las pérdidas sobre los negros recién importados, se disminuirán considerablemente con la abolición del tráfico, pues aclimatados los unos, y nacidos en el país los otros, están exentos de los peligros que corren los nuevamente introducidos.

Considerando, pues, las cosas en su curso ordinario, no hay temor de que mengüen los esclavos; pero aun cuando menguasen, esto no puede comprometer la fortuna de ningún propietario. Si la mortandad fuese de un golpe, entonces sí podrían ser muy dolorosas sus consecuencias; mas, como en caso de haberla, no ha de venir sino con mucha lentitud, sobrado tiempo queda, y sobrada facilidad hay para reponer sin ningún quebranto las levísimas pérdidas que vayan ocurriendo. ¿No fueron muy graves las causadas por el cólera en 1833? ¿Cabe alguna comparación entre la muerte repentina de tantos negros, y la lenta cuanto incierta disminución que el fin de la trata pudiera producir? Y si pudimos salvarnos de aquel terrible naufragio, ¿con cuánta más confianza no debe abrirse nuestro corazón a un venturoso porvenir? Si pérdidas puede haber, serán pérdidas pequeñas, insignificantes, o mejor dicho, aparentes. Quizás, que no lo temo, dejarían de hacerse por dos o tres años un corto número de cajas de azúcar; pero si tal fuere, ellas serán la ofrenda más aceptable que quemaremos en las aras de la patria para alcanzar nuestra salvación.

Yo he probado que ni la calidad del trabajo de los ingenios, ni el clima de Cuba, ni la carestía de los jornales en ella, pueden servir de pretexto para continuar el comercio africano, ni menos impedir la colonización de labradores blancos. He probado también, que en las colonias inglesas y francesas, la producción del azúcar ha crecido después de la abolición del tráfico de esclavos: y he probado, por último, que, si éstos han sufrido en algunos países una lenta y casi imperceptible disminución, en otros han aumentado a pesar de la desproporción de los sexos, y que lo mismo puede suceder en Cuba si se adoptan medidas conservadoras.

Pero, aun suponiendo que ninguna de estas cosas sea lo que es; aun suponiendo que, sin nuevos esclavos africanos, Cuba ya no pueda adelantar, ni tampoco sostener el rango que hasta aquí ha ocupado en la escala de los pueblos agricultores, tal es la fuerza irresistible de las circunstancias, que España se halla en el dilema, o de acabar para siempre con el contrabando de negros, o de comprometer la existencia de la más hermosa de sus colonias. Y este punto interesante, elevando la cuestión a una esfera política, formará el complemento de este papel.

Segunda parte. La seguridad de Cuba clama urgentísimamente por la pronta abolición del tráfico de esclavos

En demostración de esta verdad, ni diré todo lo que pudiera, ni aun lo mismo que diré, será en el tono que algunos esperarán. No siendo mi ánimo hablar a las pasiones, sino solo a la razón, mis ideas irán revestidas de toda la templanza que conviene a una materia, que se debe discutir con calma y sin prevención.

Dos cosas es preciso contemplar en Cuba: su situación interna, y su situación externa. Si para el examen de la primera, se consultan los censos allí formados, al primer golpe se descubre que los elementos de su población se han ido invirtiendo, y que, en los últimos cincuenta años, los blancos han perdido la ventaja numérica que desde la conquista tuvieron sobre la raza africana. Leamos los guarismos que nos dan aquellos documentos.

Años	Blancos	Esclavos	Libres de color	Total de color	Total general
1775	96.440	44.333	30.847	75.180	171.620
1791	133.559	84.590	54.152	138.742	272.301
1817	239.830	199.145	114.058	313.203	553.033
1827	311.051	286.942	106.494	393.436	704.487
1841	418.291	436.495	152.838	589.333	1.007.624[31]

31 Este total representa la población permanente: la eventual se computa en toda la Isla en 38.000 individuos, que, reunidos a la primera, dan 1.045.624.

Los dos últimos censos son más defectuosos que los anteriores, con respecto a la población de origen africano. Hecho el de 1827 bajo los fundados temores de una nueva contribución que se pensaba derramar entre los propietarios, no aparecen en él todos los esclavos que entonces contenía la Isla. Tampoco se inscribió en sus columnas el número verdadero de la gente libre de color. Baste decir que, habiendo llegado ésta en 1817 a 114.058, en 1827 la vemos descender a 106.494, sin que, en este intervalo, hubiese sufrido más mortandad que la ordinaria, sin que tampoco hubiese emigrado, ni menos interrumpido la marcha progresiva de sus aumentos. Si en la formación del censo de 1841 no influyeron temores de contribución, hubo motivos políticos para rebajar la suma de los esclavos. Mas, prescindiendo de estas inexactitudes, y aun dando por cierto el resultado de los censos, veamos cuáles son las proporciones en que están las distintas clases que componen la población de Cuba.

Años	Blancos	Esclavos	Libres de color	Total de color
1775	56 %	26 %	18 %	44 %
1791	49	31	20	51
1817	43	37	20	57
1827	44	41	15	56
1841	41 ½	43 ½	15	58 ½

Aparece, pues, que en 1775 la población blanca era muy superior a toda la raza africana. En 1791, aquélla empieza a perder su preponderancia numérica. En 1817 ya se rompe todo equilibrio, pues que la gente de color llega a 57 %. Sigue la desproporción en 1827; y viose entonces por la vez primera que los esclavos, por sí solos, casi igualasen a los blancos. Y tanto se ha ido inclinando la balanza hacia aquéllos, que ya éstos se hallan hoy reducidos a una dolorosa minoría.[32]

Estas simples consideraciones nos indican cuan violento y peligroso es el estado de un pueblo en que viven dos razas numerosas, no menos distintas por su color que por su condición, con intereses esencialmente contrarios, y por lo mismo, enemigas irreconciliables. Y cuando para alejar el conflicto, que a todas horas las amenaza, hubiera debido ponerse el más constante empeño en dar un vigoroso impulso a la población blanca, ¿llega nuestro delirio hasta el punto de mantener abierto nuestro seno para recibir en él las arpías que más tarde pudieran desgarrarlo?

Más previsión que nosotros, tuvieron nuestros mayores. Desde la primera mitad del siglo XVI, el emperador Carlos V, temiendo la muchedumbre de negros en sus posesiones del Nuevo Mundo, mandó que su número no superase la cuarta parte de la población, y que los blancos además estuviesen bien armados. El interés quebrantó tan saludable ordenanza; y los africanos, transportados a millares, siguieron cubrien-

32 Según el censo de 1850, los blancos ascendieron a 479.491; los libres de color, a 171.733; y los esclavos, a 322.519. El total, pues, fue de 973.743, que agregados a las 50.000 almas en que se calculó la población flotante, se obtiene la suma de 1.023.743.
Si estos números fueran exactos, resultaría: 1.° Que la población cubana, ora se cuente, ora se excluya la flotante, fue menor en 1850 que en 1841. 2.° Que en esos nueve años, los blancos aumentaron; mas, los esclavos disminuyeron 113.976, excediendo aquéllos a éstos en 156.272. 3.° Que los libres de color también aumentaron, y que reunidos a los esclavos, formaron el total de 494.252; es decir, 95.081 menos que las dos clases juntas en 1841. 4.° y último, que a pesar de esta disminución, la población de color en 1850 todavía excedió a la blanca en 14.761.

do las tierras de América. Un siglo después deploró esta calamidad el entendido jesuita fray Alonso de Sandoval en su obra *De instauranda Æthiopum salute*, impresa en Sevilla, por la primera vez, en 1627; y en la parte I, libro 1, capítulo 27, se leen las siguientes palabras que yo quisiera ver grabadas en el corazón de todos los cubanos:

> No hay duda, sino que en las repúblicas cristianas se pueden permitir esclavos; lo que se pretende, es que las que tratan de buen Gobierno, deban atender a que el número de ellos no crezca demasiadamente; porque, siendo excesiva la cantidad, ella misma provoca el alboroto, como les sucedió a los romanos, que por estar tan llenos de ellos, no pudieron impedir que se les levantasen 60.000 debajo del dominio de Espartaco, aunque los venció tres veces en batallas campales. Y el recelo que tuvo Faraón del pueblo de Dios, por verle multiplicar con tanto extremo, es argumento de que, por floridos que sean los reinos, no se deben tener por seguros de guerras serviles, mientras no procuraren sujetar los esclavos, y no estar a su cortesía. Por lo cual deberían poner tasa los magistrados, a quien toca, a la codicia de los mercaderes, que ha introducido en Europa, y no menos en estas Indias, caudalosísimos empleos de esclavos, en tanto grado, que se sustentan y enriquecen de irlos a traer de sus tierras, ya por engaño, ya por fuerza, como quien va a caza de conejos o perdices, y los trajinan de unos puertos a otros como holandas o cariseas. De aquí se sigue el daño muy considerable, de que se hinchen las repúblicas de esta provisión, con peligros de alborotos y rebeliones.
>
> Y así como la cantidad moderada se puede tratar sin estos escrúpulos, y con notables utilidades, comunes a esclavos y señores, el exceso es muy ocasionado a cualquier desconcierto.

Estas palabras son una triste profecía de lo que ha sucedido en la vecindad de Cuba. La muchedumbre de esclavos, amontonados por un tráfico sin límites, perdieron a Santo Domingo, y Jamaica ha estado muchas veces al borde de su ruina. Sin detenerse en las largas y sangrientas lides que esta Antilla sostuvo contra sus negros en los siglos XVII y XVIII, en solo el primer tercio del XIX ha experimentado cinco grandes insurrecciones. En la de 1832, que fue la última, murieron 200 personas en el campo de batalla, y casi 500 negros fueron ajusticiados. Los gastos y quebrantos sufridos ascendieron a más de 6 millones y medio de pesos fuertes, y el Parlamento inglés tuvo que votar un empréstito de 500.000 libras esterlinas a favor de los propietarios arruinados. Jamaica, en medio de sus desgracias, pudo consolarse con los auxilios que su rica metrópoli le proporcionó; pero, ¿quién enjugaría las lágrimas que Cuba derramase en sus horas de tribulación? España, enflaquecida con tantos desastres como ha experimentado, ningún socorro pecuniario podría dar a su colonia; y ésta en vano lo imploraría de países extranjeros, porque comprometida su existencia, todos la abandonarían, dejándola entregada a su fatal destino.

Bien conozco (al menos tal es mi juicio) que por alarmante que sea el número a que ya suben los negros en Cuba, si se les deja aislados y reducidos a sus propios recursos, no pueden destruir la raza blanca ni enseñorearse de la Isla, como sucedió en Santo Domingo. En nuestro favor están más de 400.000 blancos, un ejército valiente, una marina que puede prestar señalados servicios, los castillos y las plazas fuertes, el saber, la riqueza, la influencia que siempre da un gobierno organizado... en una palabra, todo el poder político, reunido a una gran fuerza material; y si, lo que Dios nunca permita, los dos elementos chocasen alguna vez, la victoria no sería dudosa. Pero esta misma victoria es la que debemos evitar, porque ella ocasionaría nuestra ruina. Las víctimas que cayeran bajo la metralla del cañón, esclavos nuestros serían; y nuestros campos, privados repentinamente de los únicos brazos que hoy los fecundan y enriquecen, tendríamos que llorar nuestra miseria sobre la misma arena del triunfo.

Aun sin apelar a las armas, ni dirigir sus ataques contra la vida de los amos, ¿no pueden fácilmente los esclavos, arrastrados de sus propios instintos, incendiar en una noche los hermosos campos de Cuba? Y después que los hayan convertido en cenizas, ¿se repararan los daños con el castigo? ¿No se agravan, por el contrario, con el suplicio de los mismos criminales?

Si el tráfico de negros continúa, ya en Cuba no habrá paz ni seguridad.

Alzamientos de esclavos se han visto allí en todos tiempos; pero siempre han sido parciales, reducidos a una o dos haciendas, sin plan ni fin político, y solo a impulso de la desesperación, o la venganza de un amo despiadado o un cruel administrador. Muy distinto es el carácter de los levantamientos que de 1842 a 1843 se han sucedido a muy cortos intervalos; y la última conspiración descubierta es la más horrible que nunca se ha tramado en Cuba, ya por sus vastas ramificaciones entre los esclavos y la clase libre de color, ya por el principio de donde nació, y por el término a que se encaminaba. Una feliz casualidad nos salvó de las desgracias que hoy lamentarían Cuba y España; pero ciertamente tendremos que deplorarlas, si no se da pronto término al contrabando africano. No es menester que los negros se levanten de un golpe en toda la Isla: no es menester que sus campos ardan todos de un extremo a otro en un solo día: movimientos parciales, repetidos aquí y allá, bastan para destruir el crédito y la confianza. Entonces empezará la emigración, huirán los capitales, la agricultura y el comercio menguarán rápidamente, bajarán las rentas públicas, el vacío de éstas y las nuevas necesidades que impone un estado continuo de alarma, harán crecer las contribuciones; y aumentados, por una parte, los gastos y disminuidas, por otra, las entradas, la situación de la Isla se irá complicando, hasta que llegue a su más terrible desenlace.

Los temores que nos inspira nuestra situación interna adquieren una magnitud espantosa, si volvemos la vista al horizonte que descubrimos.

Examinando las tablas de la población de las Antillas extranjeras en la última media centuria, aparece que, mientras los blancos han menguado, la raza africana ha crecido. Dejemos que hablen los números:

	Años	Blancos	Disminución
Antillas francesas	1788	54.015	«
	1835	21.000	33.015
Antillas inglesas	1788	59.843	«
	1832	51.962	7.881,34
	Disminución total	40.896[33] [34]	

33 Bajo este nombre incluyo a la Martinica, Guadalupe con sus dependencias, una parte de Santo Domingo, y a Santa Lucía, ocupada entonces por la Francia.

34 Esta disminución habría sido mayor, si la población blanca no se hubiese engrosado con la conquista de varias islas, que hizo Inglaterra después de 1791.

Funesto es para Cuba este resultado, y mucho más lo será, cuando se contemple el cuadro de la raza africana en aquellas mismas Antillas.

	Años	Libres de color	Esclavos	Total de raza africana	Aumento
Antillas francesas	1788	31.293	673.487	704.780	«
	1835	799.000	174.398	973.398	268.618
Antillas inglesas	1788	12.960	467.353	480.313	«
	1832	118.888	573.120	692.008	211.695
Aumento total					480.313 [35]

Para dar a esta materia todo el grado de importancia que merece, presentaré en resumen una tabla de la población de todas las Antillas extranjeras en estos últimos años.

	Blancos	Esclavos	Libres de color	Total de raza africana
Antillas francesas	21.000	174.398	799.000	973.398
— inglesas	51.962	«	692.008	692.008

35 La gran disminución de esclavos y el gran aumento de libres provienen de que, con la revolución de Santo Domingo, los primeros pasaron a la clase de los segundos. Cuando acaeció aquella catástrofe, los esclavos llegaron, según Moreau de Saint-Mery, a 452.000; según Byran Edwards, a 480.000; y no faltó diputado en la Asamblea Nacional, que los elevase a 500.000. El censo que se hizo en 1824 en la parte francesa de aquella isla, dio un resultado de 935.335 negros. Júzgole muy exagerado; y reduciéndole, a pesar del tiempo transcurrido, a solo 750.000, se conocerá que si en esto hay algún error, es más bien en menos que en más.

— holandesas	4.000	20.500	9.900	30.400
— dinamarquesas	3.000	30.000	3.000	33.000
— suecas	1.000	6.500	1.500	8.000
Parte española de Santo Domingo	26.000	«	110.000	110.000
Isla Margarita en 1820	1.500	12.000	3.500	15.500
	108.462	243.398	1.617.908	1.862.306[36] [37]

Si a este total formidable de 1.862.306 se agrega la numerosa población de color esparcida en el litoral de la antigua Colombia, y los 170.000 negros de las Guayanas inglesa, francesa y holandesa, y del golfo de Honduras, la situación de Cuba se presenta bajo un aspecto más alarmante.

Y como si tanto no bastara, la república de Norteamérica, nos ofrece, en medio de sus libres instituciones, la dolorosa anomalía de tener reconcentrados en sus regiones meridionales, y como si dijéramos, a las puertas de Cuba, casi 3 millones de negros, de cuyo número yacen 2 millones y medio en dura esclavitud.[38]

¿Quién, pues, no tiembla al considerar que la población de origen africano, que circunda a Cuba, se eleva a más de 5

36 Moreau de Jonnès, en sus *Recherches statistiques sur l'esclavage colonial*, eleva la población de origen africano en las islas holandesas, dinamarquesas y suecas a guarismos mayores que los que yo ofrezco; pero como él confiesa que los censos de donde sacó sus datos, además de no ser exactos, algunos son de fecha remota, y como los esclavos han menguado en ellas de entonces acá, me ha parecido conveniente, para acercarme a la verdad, reducir aquellos números según las noticias más fidedignas que he podido recoger.

37 Ésta es la población que había en 1819. Ignoro si después se ha hecho otro censo.

38 Ya he dicho que hoy debe de haber más de 3 millones y medio de esclavos.

millones? Aun limitando nuestros cálculos a las Antillas, con inclusión de Puerto Rico, su número pasa de 2 millones. Pero no es esto lo peor; esto sí, que habiendo los ingleses manumitido a sus esclavos, esta circunstancia reagrava el estado de Cuba, no solo por la importancia política que aquellos libertos van adquiriendo, sino por el aumento que han de tener; aumento que procede de dos causas: una, de la misma libertad en que se hallan, pues su nueva condición, al paso que les impone menos trabajo, les proporciona más medios de subsistencia. ¡Ojalá que Santo Domingo y otras Antillas no probasen superabundantemente esta verdad! La otra causa es la introducción de negros libres de la costa de África. La vez primera que los pidieron los colonos de algunas Antillas, el Gobierno inglés se opuso, fundándose en que este permiso fomentaría el comercio de esclavos en lo interior del África.[39] Pero arrastrado por el impulso de las sectas religiosas, ya en 30 de diciembre de 1840 tuvo que ceder, y en 1841 dictó tales medidas, que los negros libres de Sierra Leona, se hallaron en la alternativa, o de emigrar a las Indias occidentales, o de no percibir en lo adelante los socorros que hasta entonces les había suministrado aquel gobierno.[40] Posteriormente se han expedido nuevas órdenes para remover algunos obstáculos que se oponían a la fácil emigración africana.[41] Los misioneros encontrando en los negros más docilidad, y por lo mismo más elementos de dominación religiosa que en los colonos

39 Véase el despacho de lord Normanby, ministro de las colonias británicas, al gobernador Light, en 15 de agosto de 1839, inserto en el *Rapport sur les questions coloniales*, por Lechevalier, parte II, cap. VII, pág. 236.

40 Despacho de lord John Russell al gobernador de Sierra Leona, en 20 de marzo de 1841.

41 Despachos del lord Stanley, ministro de las colonias, al gobernador de Sierra Leona, en 5 de junio y 10 de diciembre de 1843, y en 10 de febrero de 1844.

blancos, dan la preferencia a la inmigración de origen africano. En los países españoles no se concibe hasta qué punto influyen, entre los ingleses, los principios religiosos. Hay una Inglaterra política, y una Inglaterra religiosa; y en muchos casos, aquélla se ve forzada a ceder a las exigencias de ésta. Mas, si dos grandes principios que mueven la Gran Bretaña, en vez de combatirse, se reúnen y conspiran a un mismo fin, entonces sus efectos serán proporcionales a la fuerza irresistible con que obran. Si las sectas religiosas hallan su interés en fomentar en las Antillas la introducción de libres africanos, el Gobierno británico también podrá hallar el suyo en favorecerla, pues que, de este modo, compromete más la existencia de las islas extranjeras, y aumenta los temores de los Estados del sur de la confederación norteamericana.

Tengamos, pues, por cierto que los negros han de crecer en aquel archipiélago, y que Cuba, para hacer frente al porvenir, no solo debe terminar al instante, y para siempre, todo tráfico de esclavos, sino proteger con empeño la colonización blanca. Y esta colonización es preciso derramarla por toda aquella Antilla, dando la preferencia a los puntos que demandan mayor número de brazos para el cultivo, y a los que están más amenazados de un enemigo exterior. Por esto debemos apresurarnos a fundar poblaciones en las costas del Norte, Este, y Sur del departamento oriental. En pocas horas se cruza el canal que separa esta región de Jamaica y Santo Domingo, islas que además de ser, después de Cuba, las más grandes de aquellos mares, son también las que tienen mayor número de negros, y más medios de aumentarlos. Mientras Jamaica cuenta hoy 362.000, y Santo Domingo 900.000, el departamento oriental de Cuba no puede contraponer a tan formidables números, sino 600.000 blancos.

Santo Domingo no ha ejercido hasta ahora una influencia política, proporcional a los altos números que representa su población. Las potencias europeas que poseen colonias en aquellos mares, miraron su revolución como un ejemplo peligroso; y temiendo el contacto de los rebelados con los esclavos de sus islas, les cortaron toda comunicación, encerrándolos, por decirlo así, dentro de su propio territorio. Pero habiendo cambiado de política la nación más preponderante, y la que por su mayor número de esclavos tenía también más que perder, salvadas están para siempre las barreras que contenían a los haitianos; y establecidas ya relaciones mercantiles entre ellos y los negros de las Antillas inglesas, se ha comenzado una nueva era en los fastos del archipiélago americano.

Dicta, pues, la prudencia, que nos aprovechemos de las circunstancias en que hoy se encuentra aquel país, para neutralizar, con política previsora, en cuanto sea dado al Gobierno español, la influencia de la raza negra dominicana en la tranquilidad futura de nuestra Isla.

Partida en dos la de Santo Domingo desde el siglo XVII, la parte francesa consumó, a fines del pasado, la funesta revolución que todos conocen.

La parte española, a pesar de las vicisitudes que sufrió, se mantuvo fiel a su metrópoli, hasta el año de 1822, en que proclamó su independencia; pero esta independencia fue nominal, porque su peligroso vecino, mucho más fuerte que ella, le hizo sentir muy temprano su precaria condición. Con las nuevas revueltas de la parte francesa, la española ha sacudido el yugo que aquélla le impusiera, y proclamado por segunda vez su independencia. España, que no la ha reconocido todavía, tiene un derecho incontestable a someterla con la fuerza. ¿Pero es de su interés el hacerlo? Aunque en la parte española hay más negros que blancos, éstos fueron los que se alzaron en años anteriores, y los que ahora también se han puesto a la cabeza de la nueva insurrección. Esta circunstancia le da un carácter de suma trascendencia, porque la isla, no solo queda dividida en dos gobiernos independientes, sino en dos gobiernos de origen contrario, pues que uno representa el principio blanco, y otro el principio negro. Si España, en vez de hostilizar, deja tranquila, y protege con su reconocimiento tácito, o expreso, la parte española, el gobierno de ésta se podrá consolidar, y la raza blanca adquirir con el tiempo una fuerza material y política, de que hoy carece. De este modo se presenta a la parte francesa un rival que, ya por la diversidad de razas, ya por la diferencia de lenguas, podrá inquietarla, mantenerla en continuo sobresalto, y alejar los temores de cualquier tentativa que contra Cuba pudiera concebir. Pero si se sigue una conducta contraria, no solo se debilita la parte española, sino que se corre el riesgo de que se eche en los brazos de su vecina para buscar en ellos amparo y defensa contra España. Con este paso se fortificaría a nuestro enemigo, se establecería la unidad donde hoy reina la división; y como las hostilidades, por una parte, engendrarían en el corazón de aquellos isleños odio contra el Gobierno español, y, por otra, se trataría de impedir que éste las renovase, la tranquilidad de Cuba pudiera verse gravemente comprometida.

La política colonial de 1844 no es la que regía al principio de este siglo. Desde que Inglaterra abolió la trata, todas las metrópolis europeas debieron prever la trascendencia de esta medida, y prepararse con tiempo a la mutación que tarde o temprano había de acaecer. Las bases de la propaganda que aquella potencia empezó a predicar, se asentaron con firmeza en el Congreso de Viena; y de entonces acá, las naciones europeas y americanas, unas voluntariamente, otras con más o menos repugnancia, todas han condenado el comercio de esclavos africanos; y tal ha sido la fuerza de este impulso arrastrador, que hasta el bey de Túnez le ha abolido ya en sus Estados.

Si a la cesación de la trata se hubieran limitado los esfuerzos de la Gran Bretaña, la continuación del contrabando de negros en Cuba no iría acompañada de los graves males que hoy pesan sobre sus destinos.

Pero aquella nación, ora movida por sentimientos religiosos, ora combinando éstos con sus futuros intereses, dio en 1834 un golpe tan atrevido, que mientras ella consolidó su dominación en sus Antillas, hizo temblar por los cimientos muchos países americanos, que de repente se encontraron entre los peligros del ejemplo que se les presentaba, y la enorme dificultad de imitarlo.

Francia lucha por salir de la posición desventajosa en que se halla, no tanto por principios de humanidad, cuanto por una política previsora; y a pesar de que sus esclavos, en América, no llegan a 200.000, y de que cuenta con inmensos recursos para someterlos en caso de rebelión, lejos de aumentarlos con nuevas introducciones, ya se prepara a seguir las huellas de su rival. Dentro de poco tiempo, la tribuna francesa nos ofrecerá un solemne debate, y sus ecos penetrantes resonarán hasta en las playas y en los montes del Nuevo Mundo.[42] Por la misma senda se dispone a marchar la Dinamarca. En el entretanto, las sociedades abolicionistas se extienden, y redoblan sus esfuerzos. Además de las que existen en la Gran Bretaña y en Francia, se ha establecido una en la isla de Malta para propagar sus máximas en los pueblos septentrionales

42 La emancipación de los esclavos de las Antillas francesas se decretó violentamente, poco después de haberse proclamado la República en 1848.

del África. En Holanda se han fundado dos, una en La Haya y otra en Rotterdam, con el fin de llevar la emancipación a las colonias holandesas.

Años ha que el germen de estas ideas fermenta en los Estados Unidos. Las provincias del Norte predican la libertad, las del Sur sostienen a todo trance la bandera de la esclavitud, y el mundo espera con ansia el desenlace del drama que se prepara en aquella confederación.

Acogidos estos principios por las naciones más ilustradas y poderosas de la tierra, y difundidos por la prensa, el comercio, el entusiasmo religioso, los cálculos de la política, y aun por el vano espíritu de la moda, precisamente, han de ensanchar la esfera de su acción. Y cuando tenemos delante perspectiva tan horrible, ¿osaremos todavía con codicia tan ciega que ya toca en estupidez, importar nuevos esclavos africanos en nuestra Cuba? ¿Nos esforzaremos en internarnos más en la senda misma de donde el mundo todo va retrocediendo?

En 1817 juramos poner fin a la trata, desde el 30 de mayo de 1820; y sellamos nuestro juramento con el nuevo tratado de 1835. Ligados por este doble vínculo, y aun por las leyes del honor nacional, ¿podremos eximirnos del cumplimiento de tan sagrados deberes? ¿Quién responde que Inglaterra, armada con el derecho indisputable que le hemos dado de reclamar las infracciones de esos mismos pactos, siempre se encerrará dentro de los límites de la estricta justicia? ¿No podrá abusar de él, asestando contra Cuba las formidables baterías con que puede destruirla en una hora? Pensemos día y noche, pensemos a cada instante, que tenemos que haberlas con la nación más poderosa en la guerra, y acaso la más hábil en la diplomacia; y que no nos es dado resistirla, ni en los campos de batalla, ni en las intrigas del gabinete.

A España interesa sobremanera la conservación de Cuba, no solo por los millones de duros que de ella recibe anualmente, y las ventajas que saca su comercio y navegación, sino por la influencia política que puede ejercer en el continente americano. Véase a cuánto ascendió en los tres últimos quinquenios el comercio en bandera española con la isla de Cuba.

		Año común	Aumento
Quinquenio de 1826 a 1830	Importación	1.810.000 duros	«
	Exportación	1.779.000	«
de 1831 a 1835	Importación	7.198.000	298 %
	Exportación	3.056.000	41
de 1836 a 1840	Importación	10.956.000	52
	Exportación	4.378.000	43

Veamos ahora cuál fue la navegación en buques españoles de España a Cuba, y de Cuba a España.

En el quinquenio de 1826 a 1830:		
entraron en año común	323 buques	
Su porte en toneladas	26.734	
Buques que salieron	306	
Su porte en toneladas	22.367	
Aumento Quinquenio de 1831 a 1835 en año	Aumento	
común, entraron buques	710	120 %
Su porte en toneladas	70.149	163
salieron buques	622	103
Su porte en toneladas	65.426	192
Quinquenio de 1836 a 1840 entraron buques en año común	825	16

Su porte en toneladas	90.740	29
Salieron buques	758	22
Su porte en toneladas	83.052	27

Con la independencia de América, las Antillas han adquirido una importancia política que antes no tenían, pues los nuevos Estados que han nacido en aquel continente, están llamados por la Providencia a ocupar un alto puesto entre las naciones del globo. Inglaterra, Francia, Holanda, Suecia y Dinamarca están representadas en aquellas regiones por medio de las islas, y otros puntos que ocupan. España todavía conserva un resto precioso del grande imperio que allí perdió; y apoyada en Cuba, podrá aumentar y proteger el vasto comercio que abrirá con las que fueron sus colonias. Al paso que España se vaya robusteciendo, podrá ir desplegando su influencia en aquellos nuevos Estados; y como la posesión de Cuba le pone en las manos la llave del golfo mexicano, podrá cerrar la entrada en aquellas aguas, y aun extender su acción al Sur y al Norte del continente.

Pero si pierde a Cuba, pérdida que llevará consigo la de Puerto Rico, quedará privada de las ventajas que hoy disfruta, y de los inmensos beneficios del porvenir. Y mientras otras naciones se disputarán las riquezas de América, desde las colonias que allí poseen, España, confinada a Europa, pasará por el tormento de verse excluida, para siempre, del espléndido teatro que ella misma abrió a los ojos del mundo, y en que, por más de tres siglos, ostentó su gloria y su poder.

Si Cuba fuera menos interesante, no debería temerse tanto por ella; pero sus riquezas naturales, sus puertos magníficos, y más que todo, su situación geográfica, la hacen muy envidiable. De aquí los sordos manejos y oscuras maquinaciones que se pueden urdir para arrancársela a España; mas, de aquí también el empeño que ésta debe poner en conservarla.

¿Y acaso se logra este fin, haciéndola cada día más y más vulnerable a los ataques de sus adversarios? ¿Se consigue, fomentando los elementos de discordia, y engrosando el número de los que siempre estarán dispuestos a reunirse con los enemigos de España?

Aun dejando a Cuba tranquila, el choque entre algunas potencias puede agravar terriblemente su condición. Una guerra entre Francia y la Gran Bretaña puede causar graves trastornos en las Antillas francesas.

Un rompimiento entre los Estados Unidos y su antigua metrópoli puede dar origen a la sublevación de los esclavos de aquella república. Y estos funestos ejemplos producirán en Cuba perniciosas consecuencias.

Afortunadamente, ninguna guerra amenaza hoy a España. En amistosa relación está con todos los pueblos; pero el mar político es muy proceloso, y el deseo de vivir en paz no siempre basta para disfrutarla.

Suspirando por ella, hay casos en que una nación se ve forzada a la guerra. Mil incidentes imprevistos pueden nacer, mil pretextos se pueden buscar para arrastrar a España a los combates. ¿Y cuál no sería su consternación por la suerte de Cuba, si se hallase en una lucha con Francia, y particularmente con Inglaterra? Ésta invadiría aquella Antilla desde Jamaica, y las tropas invasoras serían por su color y por su origen, las que encontrasen las simpatías de más de 600.000 habitantes de Cuba. ¡Cuán cierto es que, si esta Isla depende de España, esta misma dependencia, por el estado actual de las cosas, es hasta cierto punto la esclavitud de su metrópoli, pues su política con las potencias fuertes tiene que atemperarse, y aun someterse a los temores que le inspira la condición de Cuba!

Muchos se alucinan con la idea del equilibrio político, creyendo encontrar su seguridad en que ni los Estados Unidos podrán apoderarse de Cuba, porque Inglaterra y Francia lo impedirán, ni tampoco ninguna de estas potencias, porque las otras dos se opondrán. Yo confieso que a mí no me tranquiliza esta idea. Cuba es de tal importancia, que su posesión bien vale una guerra; y no me parece muy exacto el pensar que, si desgraciadamente se turbase la paz entre Inglaterra y España, aquélla dejaría de hostilizar a Cuba, y aun de hacer tentativas para ocuparla, tan solo por temor a los Estados Unidos, que son los que tienen en la cuestión un interés mucho más grande que Francia. No sería improbable, que Inglaterra trabase nueva lucha con ellos, y siendo Cuba el campo donde se librarán los combates, su destrucción sería inevitable. Perdida entonces para los cubanos y para España, ¿qué importa a ésta, ni a aquéllos, que el deseado equilibrio se conserve, o que Cuba caiga en poder de cualquiera de las naciones beligerantes? Dos casos muy diferentes hay que distinguir aquí: uno, que la Isla pase de la dominación de España a la de otra potencia; y otro, que sin pasar a la de ninguna, deje de pertenecer a ella. Lo primero es más difícil; porque, según acabamos de decir, la nación conquistadora podría encontrar resistencia de otros rivales: pero lo segundo no presenta tantos obstáculos. Protestando solemnemente la nación enemiga, dando garantías a los gabinetes interesados de que no se ocupará la Isla, sino que solamente se reducirá a hostilizar a España, derrocando allí su poder, y que después que lo haya conseguido, Cuba se declare país hanseático, o se someta al protectorado de las principales naciones marítimas, en este caso también, Cuba se pierde para España.

Aun, sin que truene el cañón europeo, y cubriéndose con el velo de la amistad, una nación que quiera perder a Cuba, ¿no podría sordamente influir en que ya por este, ya por aquel motivo, alguno de los gobiernos de América provocase a España hasta el extremo de una guerra, para que Cuba fuese la víctima, no apoderándose de ella, sino dando la mano a sus enemigos internos? Dos años ha que el Gobierno español envió contra Haití las fuerzas marítimas del apostadero de La Habana, para exigirle reparación del ultraje que un buque de aquella república había hecho al pabellón castellano. Por fortuna, Haití estaba de buena fe; pero si hubiese sido instigada a cometer aquel insulto por alguna potencia; si, obedeciendo al mismo impulso, se hubiese resistido a toda satisfacción; y si, llevando adelante el proyecto de dañarnos, hubiese redoblado sus insolentes agresiones, ¿en qué aprieto tan terrible no se habría encontrado Cuba? No nos engañemos con la debilidad actual de los Estados americanos. En el caso a que aludo, no faltaría quien les diese auxilios,[43] y aun sin ellos, siempre podrían hacernos un mal incalculable, porque contra Cuba, tal cual la han parado sus íntimas relaciones con Guinea, hasta los más débiles, son fuertes y terribles.

La continuación de la trata es un proceso criminal, abierto contra Cuba. Hasta ahora, Inglaterra solo ha desempeñado el oficio de fiscal; pero de un día a otro puede revestirse del carácter de juez, y de juez inexorable. De esta transformación ya vimos una sombra en los memorables acontecimientos de 1840. En 25 de mayo de aquel año, el gabinete inglés mandó a su embajador en Madrid, que pasase al Gobierno español una nota, pidiéndole que ampliara las facultades de la comisión mixta, residente en La Habana, para que procediese a la pesquisa y libertad de todos los negros introducidos en

43 La exactitud de esta reflexión acaba de confirmarse con las tristes desavenencias ocurridas entre México y España, pues los Estados Unidos desean un rompimiento para mezclarse en la cuestión, y hostilizar a España, cubiertos con el pabellón mexicano.

Cuba desde el 30 de octubre de 1820. Igual instancia renovó en 17 de diciembre del mismo año; y en 20 de enero de 1841, contestó el gobierno de Madrid que, siendo el asunto de muy grave naturaleza, debía oír, antes de resolverlo, a las autoridades de Cuba. Estas ocurrencias causaron en La Habana una sensación profunda; y como no hay cosa que reúna más las opiniones que la identidad de intereses, los blancos todos, de aquende y allende el mar, formando una masa compacta, no solo se opusieron a las pretensiones británicas, sino que, entre los mismos europeos, hubo algunos muy influyentes y acaudalados que concibieron el proyecto de emancipar a Cuba, si la metrópoli asentía a los deseos del inglés. Cumple a mi propósito transcribir aquí las notables palabras de un Ayuntamiento tan fiel como el de La Habana, en la representación que elevó al Gobierno Supremo en aquellas críticas circunstancias:

> Esa dependencia será perpetua, si se conservan los elementos de orden, que por fortuna existen en la inviolabilidad de las propiedades; será perpetua, cuando el gobierno ilustrado de España extienda su mano protectora a este país; y si sus habitantes han sabido resistir al ejemplo, y aun a las sugestiones de otros puntos de América; si han sabido, en defensa del gobierno, derramar su sangre, e invertir cuantiosas sumas de pesos, no solo en Europa, sino en las vecinas provincias de los que antes eran sus hermanos, no podrá haber temor alguno de que desmientan su acrisolada fidelidad sino en el caso, imposible en justicia, de que hayan de ceder a la imperiosa ley de su propia conservación.

El gobierno conocerá cuán peligroso es que en un país donde nadie piensa en independencia, porque todos conocen que no puede haberla, se formen tales planes, bajo cualquier pretexto que sea; y mucho más, que estos planes sean engendrados en el corazón de opulentos peninsulares.

El cielo sabe cuán distante estoy de acriminar la intención de sus autores; pero del error en que cayeron, y del funesto ejemplo que presentaron, la causa debe atribuirse a la tenaz y escandalosa continuación del tráfico de negros. Sin este contrabando, el gabinete inglés jamás habría pasado aquella nota, ni Cuba sufrido tanta angustia ni consternación.

Sé muy bien que en este particular se atribuyen miras siniestras a los ingleses. Lejos de encargarme de su defensa, detesto con toda la indignación de mi alma las tentativas criminales de los malvados que pensaron inundar en la sangre de mis hermanos el suelo en que nací. Si en Cuba hay una humanidad negra, también hay otra humanidad blanca, muy superior a la primera por muchos títulos sociales, y por lo mismo más digna de la vida y bienestar.

Pero volvamos a la nota del Gobierno inglés, que es punto que interesa, y empecemos por preguntar: Si el ministerio que entonces gobernaba en Inglaterra no hubiese caído, y si, como es de presumir, se hubiese empeñado en llevar a cabo su pretensión; o si, aun después de caído, el de su sucesor la hubiese renovado, ¿qué sería hoy de la isla de Cuba? ¿Y qué será, vuelvo a preguntar, si aquel gabinete revive su primer proyecto, y se propone realizarlo? Y no se piense que ésta es una suposición sin fundamento. Persuadido estoy a que, si la trata cesa, el Gobierno inglés se dará por satisfecho, y el negocio quedará sepultado en el olvido; pero también creo que si el tráfico sigue, aquella pretensión podrá renacer con más fuerza, y bajo de una forma más peligrosa.

Queridos compatriotas, cuando me hallo en este momento con la pluma en la mano defendiendo vuestros intereses, no es posible que yo os engañe; y mi conciencia me grita que lo haría, si no os revelase toda la verdad. Permitid, pues, que la diga, no para su desahogo, sino para vuestro provecho, un hombre que ha dado un adiós eterno a su cara patria, y que está resignado a morir en la tierra extranjera. No penséis que aquella borrasca se ha deshecho ya; aun corre sobre vuestras cabezas la espantosa nube que os lanzó aquel rayo; y si dudáis de mis palabras, oíd las que el Ministro de Estado de la Gran Bretaña dirigió al embajador español en Londres en la nota de 12 de febrero de 1842:

> El infrascrito [lord Aberdeen] suplica al general Sancho que manifieste a S. A., el regente, que el gobierno de S. M. no trata al presente [do not intend at present] de apremiar al gobierno de España acerca de la cuestión de un tratado con el objeto de examinar en general la condición de los negros en Cuba, etc.

Las palabras no trata al presente, descubren los planes que abriga el gabinete de Saint James, y a efecto los llevará, si obcecados los españoles siguen marchando por la senda que hasta aquí. Pero se me dirá que, aun cuando la trata continuase, España jamás accedería a las aspiraciones de Inglaterra; y que si accediese, entonces es llegado el caso de que todos los blancos reunidos proclamen la independencia de Cuba.

Que el Gobierno español opondrá la más firme resistencia a las pretensiones británicas, sinceramente lo creo, pues que su consentimiento envolvería desastrosos resultados. Pero, ¿no podría Inglaterra suscitar a España dificultades y embarazos hasta conducirla a una crítica situación?

¿No podría escoger el momento de un gran conflicto, en que, aun a los ministros más leales, fuese moralmente imposible resistir? No olvidemos que la misma España, y también

Francia y Portugal se negaron por algunos años a la abolición de la trata, y que todas al fin prestaron su consentimiento, ya por las urgentes instancias del gabinete inglés, ya por el cambio en las ideas de aquellos mismos gobiernos. Pero admitamos que España se mantenga inflexible en su oposición, y que la trata no haya cesado todavía: ¿no es muy probable que, irritado el orgullo de la poderosa Albión, y prevalida del derecho que le dan los tratados, dicte a España un ultimatum terrible, en que le diga: O accedes a lo que te pido, o te declaro la guerra? ¿Qué hará entonces el Gobierno español?

¿Persiste en su resistencia? He aquí la guerra, y con ella la ruina inevitable de Cuba. ¿Cede, por evitarla? Mas, Cuba, ¿qué partido tomará en este caso? ¿Obedecerá a España? Su prosperidad recibe un golpe mortal, y las consecuencias políticas pueden ser de funesta trascendencia.

¿Resistirá, y se declarará independiente? Mas, los que han concebido este plan, ¿piensan que así se salvan del naufragio? ¿No ven que semejante paso es el medio más infalible que los lleva a su perdición? Porque, prescindiendo de lo ominoso que sería proclamar una independencia a nombre de la esclavitud, y teniendo solo por móvil la esclavitud, a España ninguna nación puede disputarle el derecho de reconquistar a Cuba.

Si careciera de recursos, el gabinete inglés se los proporcionaría en abundancia; la Isla se vería invadida por su misma metrópoli; y encendida la guerra, España se mataría con su propia mano, clavando en las entrañas de Cuba el puñal con que la armara la astuta Inglaterra.

En conclusión de todo lo dicho se deduce, que, si los habitantes de la isla de Cuba quieren conservar los esclavos que hoy poseen, es preciso que para siempre se abstengan de todo tráfico africano. Cerrando las puertas a nuevas introducciones de negros, quedan abiertas para los blancos; y con ellos, al paso que aumentaremos el número de nuestros amigos, disminuiremos el de nuestros enemigos. Cumplamos religiosamente los tratados que nos ligan con la Gran Bretaña, pues que a ello nos impelen, más que nuestro honor, nuestra conservación. Con esta prueba de lealtad, desarmaremos la cólera del gabinete que hoy turba nuestro reposo; y libres de su peligrosa intervención, si el tiempo nos llamare alguna vez a resolver un gran problema, entonces, apoyados en el gobierno de nuestra metrópoli, y entregados a nuestras propias inspiraciones, podremos hacerlo con prudencia y con acierto, consultando solo nuestro bien y la honra de nuestra patria.

Apéndice

París, 15 de febrero de 1845.

I

Estando ya en prensa este papel, llegaron a mis manos los periódicos de Madrid de fines de enero y principios de febrero, que contienen el interesante debate del Congreso español sobre el proyecto de ley penal contra los traficantes de esclavos de la costa de África.[44] No entraré en el examen de esta discusión; pero la justicia exige que felicite al gobierno de S. M., y en particular al señor ministro de Estado don Francisco Martínez de la Rosa, no solo por ser autor de aquel proyecto, sino porque ésta es la vez primera que, en cuestión tan importante como la de la trata, el gobierno español, comprendiendo los verdaderos intereses de la isla de Cuba, ha condenado francamente el contrabando africano, como contrario a la religión y a la filosofía, y como incompatible con la seguridad de aquella Antilla. Llevado del mismo sentimiento de justicia, aplaudo y recomiendo el acertado y luminoso discurso que el señor Olivan pronunció en la sesión del 29 de enero. Igual elogio quisiera tributar sin reserva al informe que el señor Pacheco, uno de los miembros más distinguidos de las Cortes, leyó en la sesión de 24 de enero, a nombre de la comisión encargada de dar su dictamen acerca del mencionado proyecto. Pero si bien encuentro ideas que celebrar en aquel notable documento, también hallo otras en que no convengo; y dejaríalas correr todas en silencio, si no considerase que algunas de ellas son de mala trascendencia, ya para la historia del tráfico, ya en sus aplicaciones a Cuba.

44 Véase el apéndice II.

Mis observaciones, sin embargo, serán muy breves, y solo les daré la extensión de que son susceptibles, si alguno las pusiere en duda.

1.ª Equivócase la comisión, cuando dice, que el venerable fray Bartolomé de las Casas fue el promovedor del comercio de negros en Indias.

Mucho se ha disputado sobre este punto; pero la verdad se ha puesto ya en claro, y la historia ha absuelto a Las Casas del pecado que se le imputaba: baste decir, que los primeros negros no se llevaron a Indias, sino a fines del siglo XV; que continuaron introduciéndose en los años posteriores, y que fray Bartolomé no propuso que trasladasen algunos a ellas, sino en 1517. Las Casas, pues, no fue el promovedor del tráfico, y su pecado solo consistió en pedir que entrasen en aquellas partes algunos negros más, después de establecido aquel comercio.

2.ª Es muy sensible, que personas tan ilustradas como las que componen la comisión, hayan calificado las ideas, emitidas en el Congreso de Viena contra el tráfico africano, de teoría trastornadora, que lanzó la alarma y la destrucción en la sociedad de las Antillas españolas.

Con términos, no menos duros, reprueba el tratado concluido entre España e Inglaterra en 23 de septiembre de 1817, y, según su lenguaje, la comisión quisiera que aun continuase la trata. Verdad es que pide que cese; pero lo pide, no por un sentimiento sublime de religión y de moral, sino por ser una triste necesidad, emanada de los tratados pendientes, los cuales deben deplorarse como una calamidad para las colonias hispanoamericanas.

¡Cuán distinta y cuán noble es la actitud que ha tomado el gobierno en este solemne debate! Preséntase a combatir el tráfico, no solo en cumplimiento de compromisos diplomáticos, sino a nombre de un principio más elevado, a nombre de la justicia y de la humanidad: véase lo que dijo el digno órgano del gabinete español en la sesión del 27 de enero:

> Ahora en general, señores, cuando se habla de la abolición del tráfico de negros, cuando se habla de disposiciones adoptadas por otras potencias, nuestra suspicacia se dirige a buscar un móvil político e interesado, una mira ulterior. Pero si esto es exacto, es necesario también reconocer y confesar, que todos los principios de justicia y de beneficencia, que todas las luces de la filosofía y el espíritu del siglo están conformes en esta cuestión. Puede decirse que la abolición del tráfico de negros no nació de una idea interesada; fue el resultado de las luces de la filosofía, fue el resultado de los principios regeneradores que tanta influencia ejercieron en aquella época en la Europa, y que vinieron a introducirse hasta en la misma España.

Un celo laudable por la suerte de las colonias españolas extravió, sin duda, a la comisión en punto tan esencial; pero no habiendo tenido tiempo suficiente para enterarse a fondo en la materia; ignorando, por lo mismo, todas las atrocidades que se cometen en el tráfico africano, y de las que hizo una breve pintura el señor Olivan; y creyendo, aunque infundadamente, que sin nuevos esclavos Cuba y Puerto Rico perecerían, no solo es disculpable, sino bajo ciertas consideraciones plausibles, la equivocación que padeció.

3.ª Afirma la comisión, que desde 1713 hasta nuestros días el Gobierno inglés ha gozado de la prerrogativa y exclusión del tráfico de negros en las colonias españolas, en virtud del tratado de Madrid de 26 de marzo de aquel año, prorrogado posteriormente en estipulaciones particulares.

Permítame la comisión que le observe, que el tratado a que alude, después de haber tenido algunas interrupciones, a causa de las guerras entre Inglaterra y España, cesó por otro que se celebró en Madrid el 5 de octubre de 1750, y que nunca después se prorrogó aquel monopolio a favor del Gobierno inglés, ni de ninguna compañía inglesa. Aun desde 1740, la Compañía Mercantil de La Habana obtuvo permiso para introducir negros, y siguió importándolos en Cuba de tiempo en tiempo, hasta el año 1766. En este intervalo, también el Gobierno español ajustó varios asientos con súbditos españoles, y en 1773 se hizo la contrata con el marqués de Casa Enrile. Concluida que fue, Carlos III facultó a sus súbditos de América, para que se surtieran de negros de las colonias francesas: y hasta 1784 no volvemos a oír sonar el nombre de ninguna contrata inglesa, en cuyo año se permitió a Baker y Dawson, comerciantes de Liverpool, no un asiento como el de 1713, sino solo introducir 4.000 negros en dos puntos de América; permiso que fue renovado con más extensión en 1786 y 1788. Ya desde 1789 se concedió indistintamente a españoles y extranjeros la libre facultad de introducir negros, por dos años, la que fue prorrogada repetidas veces, hasta que, al fin, se declaró libre del todo el comercio de esclavos africanos. Estos simples datos manifiestan que la comisión no tuvo fundamentos para decir, que el Gobierno inglés ha gozado desde 1713 hasta nuestros días de la prerrogativa y exclusión del tráfico de negros en las colonias españolas.

4.ª Para suplir la falta de brazos en Cuba y Puerto Rico, la comisión propone, como eficaz recurso, la inmigración de negros libres. Yo no puedo negar el asombro que me causa semejante propuesta. ¿Ignora la comisión las disposiciones vigentes acerca de este asunto? Y si a su noticia llegaron,

¿por qué no se dignó de tomarlas en consideración, ya que su voto es tan contrario a ellas?

Desde las revueltas de Santo Domingo, los capitanes generales de Cuba empezaron a dictar algunas medidas, y tan grandes fueron sus temores, que se extendieron aun a los esclavos. El bando publicado en La Habana en 25 de febrero de 1796 prohibió bajo de ciertas penas la introducción de esclavos que hubiesen vivido en las colonias extranjeras.

Igual prohibición renovó el general Vives por la circular de 9 de julio de 1829, que fue aprobada por Real Orden de 8 de octubre del mismo año. Reiteráronse las prohibiciones en 6 de agosto de 1831, y en 28 de julio de 1832, a consecuencia de la alarma que difundió en Cuba la situación de Jamaica. Creciendo siempre los temores, la Real Orden de 12 de marzo de 1837 recomendó que por ningún motivo ni pretexto se introdujesen negros libres en Cuba. Práctica había sido hasta entonces, que todos los de esta clase que allí llegaban, de cualquier nación que fuesen, bien como pasajeros, ya como marineros o criados de los buques, se pusiesen en custodia en un lugar seguro, hasta la salida del barco que los condujo; pero una circular del general Ezpeleta, en 12 de junio de 1838, mandó, además, que el capitán o el consignatario del buque, a cuyo bordo se encontrase algún negro o mulato libre, prestase una fianza de 1.000 pesos, de que éste no desembarcaría; y en caso de no otorgarla, se procediese como antes, poniéndolo en arresto, hasta que saliese del puerto en la misma nave que lo importó.

Pero supongamos que no existiese ninguna prohibición: ¿será buena política introducir en Cuba gente libre de color? Aunque a esta pregunta responde toda la SEGUNDA PARTE de este papel, quiero dar todavía un paso más adelante. ¿Ignora la comisión, que los peligros de Cuba, no tanto provienen de los esclavos, cuanto de la muchedumbre de negros y mulatos libres? ¿Ignora que algunos de éstos han sido los principales instigadores de los últimos acontecimientos de Cuba? ¿Ignora que el gobierno de esta Antilla acaba de lanzarlos, a decenas de su territorio? La comisión no indica los lugares de donde se han de importar en Cuba los negros libres. ¿Será de África? Y puestos en contacto con los esclavos, sus compatricios, ¿no se establece un contraste revolucionario entre hombres que, a la semejanza de color reúnen la comunidad de origen, de usos y costumbres, y aun en muchos casos la identidad de idiomas? ¿Será la procedencia de las colonias extranjeras? El mal es infinitamente más grave, pues aquellos negros son más ilustrados que los africanos, llevan en su corazón el germen de la propaganda; y pueden emplearse eficazmente para sublevar los esclavos de Cuba. Ya que se cita el ejemplo de Inglaterra, tratemos de imitarla. Si ella introduce hoy negros libres en sus colonias, es porque ya no tiene esclavos en ellas; pero mientras los tuvo, nunca abrió la puerta a aquéllos, y bien supo impedirles toda comunicación con Santo Domingo. Igual prohibición existe también en algunos de los Estados de la Confederación Norteamericana, en que hay esclavitud.

Lo que se debe extrañar es, que siendo el pontón inglés en La Habana, a los ojos de la comisión, un principio perdurable de alarma, no para el tráfico de negros, sino para la esclavitud interior de la Isla, puesto que su tripulación se compone de negros libres, aunque incomunicados con los de tierra, esa misma comisión, sin embargo, pida que se introduzcan allí hombres de esta especie, en absoluto contacto con los esclavos.

Aun prescindiendo de principios, este punto presenta en la práctica dificultades tan grandes, que rayan en lo imposible.

Todos los indicios que bastan para apresar un buque como sospechoso de hacer el contrabando africano, esos mismos, o casi todos se encontrarán en otro cualquiera que se emplee en el transporte de negros libres. Si el uno lleva muchas camas o tarimas, muchos víveres, muchas pipas de agua, grandes calderas para cocinar, etc., el otro también lleva los mismos artículos. ¿Cómo, pues, distinguir entre el buque que navega furtivo y de contrabando, y el que surca los mares en pos de libres africanos? Y aun cuando esta distinción pudiera hacerse, ¿cómo se convence al Gobierno inglés de que los negros que se embarcan para Cuba, son enteramente libres, y que emprenden el viaje por su propia voluntad? ¿Cómo inspirarle la confianza de que tales colonos no podrán ser esclavizados en Cuba? Tan difícil, tan escrupuloso es aquel gobierno en esta materia, que véase aquí lo que sucedió en idénticas circunstancias.

Holanda acostumbraba sacar de la costa de África algunos negros para destinarlos al servicio de las armas en sus posesiones del Asia, no como esclavos, sino en calidad de libres: pues a pesar de esto, y de que jamás redujo a esclavitud ni a uno solo de estos africanos, el gabinete inglés, fundándose en que la prima o recompensa que Holanda pagaba en África, era una venta o un verdadero tráfico, reclamó tan repetidas veces, desde 1836, que al fin aquella nación renunció en 1841 al sistema de reclutar africanos. Aún hay más. La vez primera que los hacendados de las Antillas inglesas, después de haberse proclamado en ellas la ley de emancipación, pidieron negros libres de África, el gobierno se opuso alegando que la exportación de ellos sería un medio de fomentar la trata. Y si esto hizo respecto de sus mismos súbditos y de sus mismas colonias, ¿qué no hará respecto de los extraños? Cierto es, que por último accedió a los deseos de aquellos hacendados;

pero fue después de haber tomado precauciones, para que en ningún caso se exportase africano que no fuese completamente libre, y gozase de la misma libertad en la colonia donde fuese introducido. La comisión desea, con un patriotismo que la honra, que el pabellón español recobre su antigua independencia; pero ella debe conocer que, pidiendo negros libres para Cuba, no hace otra cosa que complicar más las cuestiones, aumentar los compromisos, y dar margen a que la intervención de Inglaterra no solo se ejerza en los mares, sino que se extienda con nuevas pretensiones hasta nuestro territorio cubano.

II

En el artículo 2.º del tratado concluido en 28 de junio de 1835 entre el Gobierno español y el inglés para poner término al contrabando de esclavos africanos, se estipuló, que dos meses después del canje de las ratificaciones se promulgaría en todos los dominios españoles una ley que castigase severamente a todos los súbditos de S. M. Católica, que bajo de cualquier pretexto tomasen parte alguna en ese contrabando.

Muchos años pasaron sin que la tal ley se hubiese promulgado; y cuando trató de hacerse, a instancias del gabinete inglés, el Gobierno español nombró al efecto una comisión en 1843, la que opinó, que antes debía oírse al Capitán General de la Isla de Cuba. Pidiose entonces a éste, que informase, por Real Orden de 2 de junio de aquel año; pero él a su vez quiso explorar la opinión de algunas de las personas más influyentes del país «a fin de que [tales son sus palabras], con la reunión de estos datos que dirigiré a S. M. recaiga la resolución más conveniente a los intereses y prosperidad de esta Isla».

Entre los informes que entonces se le presentaron, es muy notable por sus sólidos razonamientos y por su franqueza contra el tráfico africano, el de 2 de marzo de 1844, firmado por el señor don Domingo Aldama, uno de los hacendados más opulentos de Cuba. Debiose su redacción a la pluma de su hijo político el señor don José Luis Alfonso, otro también de los más ricos propietarios de aquella Antilla, y hoy, digno representante del esplendor habanero en París. Estos sentimientos en hombres, cuya fortuna casi toda consiste en ingenios, hónrales sobremanera, y ofrecen gratas esperanzas al porvenir de la patria. Yo sé que piensan como ellos muchos ricos hacendados de Cuba; y entre las pruebas que tengo de esta verdad, puedo citar la exposición que noventa y cuatro de los vecinos más influyentes de Matanzas hicieron al capitán general don Leopoldo O'Donnell, contra el tráfico africano, en 29 de noviembre de 1843. Otra por igual estilo, y extendida también por el mismo señor Alfonso en 26 de diciembre de aquel año, debió de presentarse al mismo señor Capitán General, firmada por cincuenta o sesenta de los principales hacendados de La Habana; pero tan laudable proyecto se frustró, no por culpa de ninguno de ellos, sino por tristes ocurrencias que no me es dado referir aquí.

Dulce es para los buenos cubanos y amigos de la humanidad el contemplar el cambio feliz de la opinión, en el transcurso de once años. En 1843 ya todos clamaban en Cuba contra el tráfico de esclavos africanos; pero cuando en 1832 publiqué en la *Revista Bimestre Cubana* el artículo que aparece en este tomo, desde la páginas 28 a la 75, poquísimas fueron, según he dicho ya, las personas que simpatizaron en La Habana con mis sentimientos. La Comisión Permanente de Literatura me había confiado, por acuerdo de 7 de abril de 1832, la redacción de aquel periódico. El presidente de aquella corporación, no participando de mis ideas, seguía el torrente de la opinión extraviada, y aun me insinuó que renunciase a la redacción. Yo le respondí: «yo no me tizno con mis propias manos; quítenme la Revista si quieren; pero yo no la renuncio en estas circunstancias».

El artículo a que aludo, a pesar de haber sido publicado con expresa aprobación de la primera autoridad de la Isla, fue la causa fundamental de mi expatriación en 1834; y si ésta no se verificó desde 1832, debiose a los altos respetos del benemérito don Francisco Arango, quien manifestando la rectitud de mis intenciones al general Ricafort que entonces gobernaba en Cuba, desbarató la conjuración que muchos cubanos y europeos de gran valer habían formado contra mí. Entrambos personajes han muerto ya; y de las maquinaciones que entonces se urdieron para lanzarme de mi tierra, exactas noticias tuve en La Habana por el primero, y en Barcelona por el segundo; en diciembre de 1834.

Libros a la carta

A la carta es un servicio especializado para
empresas,
librerías,
bibliotecas,
editoriales
y centros de enseñanza;
y permite confeccionar libros que, por su formato y concepción, sirven a los propósitos más específicos de estas instituciones.

Las empresas nos encargan ediciones personalizadas para marketing editorial o para regalos institucionales. Y los interesados solicitan, a título personal, ediciones antiguas, o no disponibles en el mercado; y las acompañan con notas y comentarios críticos.

Las ediciones tienen como apoyo un libro de estilo con todo tipo de referencias sobre los criterios de tratamiento tipográfico aplicados a nuestros libros que puede ser consultado en Linkgua-ediciones.com.

Linkgua edita por encargo diferentes versiones de una misma obra con distintos tratamientos ortotipográficos (actualizaciones de carácter divulgativo de un clásico, o versiones estrictamente fieles a la edición original de referencia).

Este servicio de ediciones a la carta le permitirá, si usted se dedica a la enseñanza, tener una forma de hacer pública su interpretación de un texto y, sobre una versión digitalizada «base», usted podrá introducir interpretaciones del texto fuente. Es un tópico que los profesores denuncien en clase los desmanes de una edición, o vayan comentando errores de interpretación de un texto y esta es una solución útil a esa necesidad del mundo académico.

Asimismo publicamos de manera sistemática, en un mismo catálogo, tesis doctorales y actas de congresos académicos, que son distribuidas a través de nuestra Web.

El servicio de «Libros a la carta» funciona de dos formas.

1. Tenemos un fondo de libros digitalizados que usted puede personalizar en tiradas de al menos cinco ejemplares. Estas personalizaciones pueden ser de todo tipo: añadir notas de clase para uso de un grupo de estudiantes, introducir logos corporativos para uso con fines de marketing empresarial, etc. etc.

2. Buscamos libros descatalogados de otras editoriales y los reeditamos en tiradas cortas a petición de un cliente.

www.ingramcontent.com/pod-product-compliance
Lightning Source LLC
LaVergne TN
LVHW101918190826
846094LV00002B/55

* 9 7 8 8 4 1 1 2 6 6 4 6 8 *